I0013158

9 781989 880708

والدین حقیقی فرزندان مجازی

راهکارهای عملی و کاربردی برای حضور فرزند شما
در فضای مجازی و شبکه‌های اجتماعی

 محمد منشی‌زاده

سریال کتاب:P22453200731

سرشناسه: MNS 2022

عنوان: والدین حقیقی، فرزندان مجازی

زیرشاخه عنوان: راهنمای عملی و کاربردی برای حضور فرزند شما در فضای مجازی و شبکه های اجتماعی

پدیدآورنده: محمد منشی زاده

ویراستار: انوشه دربندی زاده

طراح جلد: مهدی غفاری

شابک کانادا: ISBN: 9781989880708

موضوع: پرورش فرزند، امنیت اینترنتی، فرزندپروری

متا دیتا: Parenting ،Cyber Safety , Internet

مشخصات کتاب: جلد صحافی مقوایی، وزیری

تعداد صفحات: 172

تاریخ نشر در کانادا: ژانویه 2022

تاریخ و مکان نشر اولیه: 1397 ایران

Kidsocado Publishing House
خانه انتشارات کیدزوکادو

ونکوور، کانادا

تلفن : ‎+1 (833) 633 8654

واتس آپ: ‎+1 (236) 333 7248

ایمیل : info@kidsocado.com

وبسایت انتشارات: https://kidsocadopublishinghouse.com

وبسایت فروشگاه: https://kphclub.com

سلام هم زبان

دستیابی ایرانیان مقیم خارج از کشور به کتاب های بسیار متنوع و جدیدی که به تازگی در ایران نگاشته و چاپ می شود، محدود است. ما قصد داریم این خدمت را به فارسی زبانان دنیا هدیه دهیم تا آنها بتوانند مانند شما با یک کلیک کتابهایی در زمینه های مختلف را خریداری کنند و درب منزل تحویل بگیرند.

خانه انتشارات کیدزوکادو تحت حمایت گروه کیدزوکادو این افتخار را دارد تا برای اولین بار کتابهای با ارزش تألیفی فارسی را در اختیار ایرانیان مقیم خارج از ایران قرار دهد.

از اینکه توانستیم کتابهای جدید و با ارزشی که به قلم عالی نویسنده‌گان و نخبگان خوب ایرانی نگاشته شده است را در اختیار شما قرار دهیم و در هر چه بیشتر معرفی کردن ایران و ایرانیان و فارسی زبانان قدم برداریم، بسیار احساس رضایتمندی داریم.

این کتابها تحت اجازه مستقیم نویسنده و یا انتشارات کتاب صورت گرفته و سود حاصله بعد از کسر هزینه‌ها، به نویسنده پرداخته می شود.

خانه انتشارات کیدزوکادو در قبال مطالب داخل کتاب هیچگونه مسئولیتی ندارد و صرفاً به عنوان یک انتشار دهنده می‌باشد. و شما خواننده عزیز ما را با گذاشتن نظرات در وب سایتی که کتاب را تهیه کرده‌اید به این کار فرهنگی دلگرمتر کنید. از کامنتی که در برگیرنده نظرتان نسبت به کتاب است عکس بگیرید و برای ما به این ایمیل بفرستید از هر 4 نفری که برایمان کامنت می‌فرستند، یک نفر یک کتاب رایگان دریافت می‌کند.

ایمیل :   info@kidsocado.com

تقدیم به

مادر همیشه مهربانم

و روح پدری که همیشه زنده است

تقدیم با عشق به

همسرم

که همراهی مهربان و صبور برای هر لحظه زندگی است

همراهی که عشق و انگیزه او برای نوشتن هر کلمه از این کتاب، بیشتر از من بود

و تقدیم به فرزندان بااراده، پرتلاش و مهربانم

امیرعباس و امیرحسین

تقدیم به : ....

از طرف : ....

این روزها کمتر کسی کتاب می‌خواند؛ چون کتاب‌خواندن، یعنی داشتن شجاعت برای شروع یک تغییر. شاید شما هم دیده باشید افرادی که زمان بسیاری را صرف شبکه‌های اجتماعی و دیدن تلویزیون می‌کنند؛ اما برای خواندن یک صفحه از کتاب فقط یک صفحه در روز ماتم می‌گیرند. خوشحالم که شما شجاعت تغییر را دارید و می‌خواهید زندگی بهتری داشته باشید.

۲۰ سال از روزی که کامپیوتر با عزت و احترام وارد خانه ما شد می‌گذرد. آن روزها کسی از روش درست زندگی در فضای مجازی حرف نمی‌زد. حتی یک خط در روزنامه‌ها و مجلات در مورد حضور بچه‌ها در اینترنت نوشته نمی‌شد. یادم نمی‌آید حتی پنج دقیقه در تلویزیون در مورد اینکه چطور رایانه، آینده فرزندان ما را تغییر می‌دهد حرفی بزنند. البته من تقریبا تمام روز پشت کامپیوترم بودم. وقتی به آن روزها نگاه می‌کنم، می‌بینم حضور رایانه زندگی من را متحول کرد. من با رایانه‌ام کتاب می‌خواندم، نقاشی می‌کردم، با دیگران ارتباط می‌گرفتم، بازی می‌کردم، زبان خارجی یاد می‌گرفتم و مهم‌تر از همه پول درمی‌آوردم! درنهایت هم شغلی که انتخاب کردم، فعالیت در زمینه شبکه و رایانه بود.

خوش‌شانسی من آنجایی بود که مثل شما اهل کتاب‌خواندن و رشد بودم و کم‌کم متوجه شدم ادامه این روند بیشتر از آنکه به نفع من باشد در حال ضرر زدن به من است. من با وجود اینترنت هیچ‌وقت احساس تنهایی نمی‌کردم و مشکل همین‌جا بود. تنهایی می‌تواند نیاز شما را به ساختن ارتباط با دیگران در دنیای حقیقی آشکار کند. تنهاشدن می‌تواند به شما جرئت عملی‌کردن ایده‌هایتان را بدهد؛ چیزی که من برای سال‌ها فراموش کرده بودم. تصمیم گرفتم با افزایش دانش خودم در این زمینه، امکان داشتن تجربه بهتری را برای زندگی به دیگران هدیه کنم. آنچه را که پس از سال‌ها مطالعه و تجربه در زمینه فضای مجازی و تربیت فرزند به دست آورده‌ام برای شما جمع‌آوری و خلاصه کرده‌ام تا فرزندانمان بتوانند با انسان‌های اطرافشان، خاطره‌هایی شادتر و واقعی‌تر بسازند.

اگر تصمیم خود را برای خواندن ادامه کتاب گرفته‌اید، باید حقیقتی را همین اول کتاب به شما بگویم. در این کتاب قصد ندارم فهرستی از تهدیدات فضای مجازی و اینترنت را بنویسم. اصلا نمی‌خواهم تصویر

یک هیولای وحشتناک از آینده فرزندانمان ترسیم کنم. عصر ما یکی از طلایی‌ترین دوران رشد تاریخ بشر است که به‌واسطه وجود فضای مجازی محقق شده است؛ بنابراین هدف من نشان دادن راه درست قدم برداشتن در این فضاست. تمام سعی خود را کرده‌ام که شما را از واقعیت موجود بیشتر آگاه کنم و بعد راهکارهایی عملی برای بهتر شدن تجربه فرزندانمان در فضای مجازی ارائه کنم. این یک کتاب فکر و کار است. بیایید شروع کنیم.

این کتاب برای چه کسانی مناسب است؟

تمام پدرها و مادرهایی که دوست دارند فرزندشان بهترین استفاده را از اینترنت و فضای مجازی ببرند

معلمان و مسئولان مدارس که برای آنها پرورش دانش‌آموزان در محیطی سالم اهمیت دارد.

کارشناسان محترم عرصه تربیت فرزند و فضای مجازی که دنبال راه‌حل‌های عملی هستند.

و همه انسان‌هایی که فکر می‌کنند در هر سن و سال باید راه و رسم زندگی در فضای مجازی را بیاموزند.

و البته برای شما.

این کتاب به درد چه کسانی نمی‌خورد؟

آنهایی که فکر می‌کنند بدون کتاب خواندن و آموختن هم فرزندشان تربیت می‌شود.

آنهایی که تمام روش‌های صحیح رفتار با فرزند خود در برخورد با فضای مجازی را بلد هستند.

آنهایی که ترجیح می‌دهند زمان خود را همچنان به گشت‌وگذار در شبکه‌های اجتماعی بگذرانند تا کتاب خواندن و بیشتر دانستن.

آنهایی که حاضر نیستند مسئولیت تغییر کردن را بپذیرند حتی به خاطر آینده فرزندانشان.

آنهایی که حاضرند به‌جای خریدن یک کتاب و تحول در زندگی خودشان، یک پیتزا بخرند.

در این کتاب به سؤال‌های زیر پاسخ می‌دهیم

فضای مجازی واقعا با ما و فرزندان ما چه می‌کند؟

چگونه می‌توانم از اینترنت و موبایل برای رشد و پیشرفت فرزندم استفاده کنم؟

سن مناسب برای خرید موبایل و تبلت برای کودکان از چه زمانی است؟

نشانه‌های اعتیاد به اینترنت و موبایل چیست و چه راه‌حل‌هایی دارد؟

چگونه می‌توانیم روش درست تفکر را به فرزندانمان آموزش دهیم؟

رژیم مصرف فضای مجازی چیست و چگونه باید رژیم بگیریم؟

چگونه این کتاب را بخوانم؟

تمیز و سفید نگه‌داشتن کتاب از آن عادت‌هایی است که نمی‌دانم از کجا و کی به ما ارث رسیده است. کتاب دوست شماست و قرار نیست شما چندین ساعت به حرف‌های دوستتان گوش کنید و خودتان یک کلمه هم حرف نزنید. پس همیشه با یک خودکار یا مداد آماده نوشتن باشید.

در داخل کتاب به قسمت‌هایی می‌رسید که باید چند کلمه یا جمله بنویسید. با خودتان روراست باشید. شما به خاطر نوشته‌هایتان محاکمه نمی‌شوید. حقیقت را بنویسید تا آگاهانه خودتان و رفتارتان را بشناسید. این اولین قدم برای بهبود و رشد در هر کاری است. خیالتان راحت باشد. کتاب رازدارترین دوست شماست.

این یک کتاب ریاضی نیست، ولی پر از تمرین است. تمرین‌هایی که گاهی آن‌قدر بسیار ساده‌اند که ممکن است حوصله انجام‌دادنش را نداشته باشیم. البته گاهی هم نیازمند صبر و تلاش بیشتری هستند. می‌توانید نوشته‌های این کتاب را پشت سر هم بخوانید و کتاب را یک‌روزه تمام کنید یا هر روز اقدام‌های پیشنهادشده را انجام دهید تا اثر آنها را ببینید.

برای خواندن کتاب لطفا از موبایلتان حداقل هفت متر فاصله داشته باشید! این فاصله را رعایت کنید تا به جادوی خواندن کتاب در آرامش پی ببرید. پیام‌دهندگان شبکه‌های اجتماعی خبر ندارند شما در حال خواندن کتابی مهم هستید وگرنه هرگز در این زمان به شما پیام نمی‌دادند. اگر نسخه الکترونیک این کتاب را مطالعه می‌کنید اینترنت را خاموش‌کنید یا به حالت پرواز بروید.

مسابقه‌ای برای زودتر تمام کردن کتاب وجود ندارد. بلدبودن تندخوانی خیلی خوب است؛ اما این کتاب را باید کم‌کم بخورید! کتاب را خوب مزه کنید، آرام بجوید و طعم شیرین مطالب را حس کنید. یادداشت‌ها را با دقت بنویسید و اقدام‌ها را باحوصله انجام دهید. مطمئن هستم این کتاب وقتی تمام بشود زندگی شما و فرزند شما با قبل از خواندن آن تغییر کرده است. همان‌طور که زندگی خیلی از آدم‌هایی که این مطالب را خوانده و به آن عمل کرده‌اند تغییر کرده است.

صفحه ویژه این کتاب و ده‌ها مقاله و هدیه ۲۵

تمام تلاش من این بود که کتاب کاملی بنویسم؛ اما در قانون رشد باید هرروز منتظر تحقیقات و یافته‌های جدیدی بود. برای آنکه شما راحت‌تر به فیلم‌های آموزشی و مقالات جدید مرتبط با این کتاب دسترسی پیدا کنید در سایت فرزند سبز یک صفحه ویژه این کتاب طراحی کرده‌ام. در صفحات زیادی از این کتاب به صفحه اختصاصی این کتاب در سایت فرزند سبز اشاره‌کرده‌ام که می‌توانید از نشانی زیر به آن دسترسی پیدا کنید.

البته همیشه منتظر هدایا و کد تخفیف محصولات سایت فرزند سبز در این صفحه باشید. این صفحه هرچند روز یک‌بار به‌روزرسانی می‌شود. تبریک می‌گویم! شما با سرمایه‌گذاری خود بیشتر از یک کتاب خریداری کرده‌اید.

http://farzandesabz.com/book1

https://goo.gl/68Yn7Y

رمز ورود: ketab

فصل اول

یک حقیقت تلخ

می‌خواهم شما را به تصور یک صحنه عجیب دعوت کنم. شاید کمی ترسناک به نظر برسد؛ اما ترسناک‌تر از وقتی نیست که واقعا اتفاق بیفتد.

در خیال خود تصور کنید روزی خسته از کار وارد خانه می‌شوید. انتظار دارید فرزندتان به استقبال شما بیاید و شما او را در آغوش بگیرید؛ اما صدایی نمی‌آید! به در و دیوار خانه سلام می‌کنید تا شاید همه متوجه حضور شما در خانه شوند؛ اما بازهم پاسخی نمی‌شنوید. جلوتر می‌روید و با یک صحنه هولناک روبه‌رو می‌شوید.

دودی غلیظ اتاق را پرکرده و بوی دود همه‌جا را برداشته است. نزدیک‌تر که می‌روید فرزندتان را می‌بینید که روی یک مبل لم‌داده و بی‌حرکت است. صورتش را نمی‌بینید؛ اما از رقص دود متوجه می‌شوید که منبع همه دودها سیگاری است که روی لب فرزند شماست. کنار مبل کوهی از سیگار درست‌شده و نشان می‌دهد ساعت‌هاست که به‌تنهایی سیگار کشیده است.

دیدن این صحنه نه برای من و شما و نه برای هیچ پدر و مادری آسان نیست. در آن لحظه هرکسی ممکن است واکنشی متفاوت نشان بدهد. ماندن در این وضعیت اصلا دوست‌داشتنی نیست.

📝 **همین حالا!**

فکر کنید که اگر شما با این وضعیت روبه‌رو شوید چه خواهید کرد. بهتر است افکارتان را بنویسید.

این کتاب در مورد اعتیاد به سیگار یا مواد مخدر نیست؛ بلکه در مورد چیزی صحبت می‌کنیم که می‌تواند خطرناک‌تر و ویران‌کننده‌تر از اعتیاد به سیگار باشد.

✍️ **خطرناک تر از سیگار**

روزی در جمعی از استادان تربیتی کشور حضور داشتم و صحبت از سیگار و مواد مخدر و تأثیرات آن بر خانواده‌ها بود. در آن جلسه گفتم که به نظر من، خود اعتیاد خطرناک‌تر از مواد مخدر است. اعتیاد به هر چیزی می‌تواند مخرب باشد. بدتر از هر ماده شیمیایی و دارو، این چرخه باطل اعتیاد است که زندگی آدم‌ها را

دچار مشکل می‌کند.

اعتیاد یعنی وابستگی شدید به هر چیز. یکی معتاد به سیگار می‌شود یکی به الکل. شاید یک نفر به تماشای سریال‌های تلویزیونی معتاد باشد و یکی هم به خریدن و جمع‌کردن کتاب! در هر حالت این وابستگی باعث می‌شود که هر وقت فرد در وضعیت دلخواهش قرار می‌گیرد مغز با ترشح دوپامین یک حالت سرخوشی و لذت را به آن شخص می‌دهد. البته وقتی شخصی نتواند به آن کار بپردازد دچار حالت افسردگی و عدم تمرکز می‌شود.

اعتیاد به اینترنت و فضای مجازی

باور کردنی نیست؛ اما «اعتیاد به اینترنت» رسما به‌عنوان یک بیماری شناخته‌شده است! از سال ۱۹۹۶ که فردی به نام «یونگ» این اصطلاح را مطرح کرد تا به امروز مفهوم اعتیاد به اینترنت دچار تغییرات زیادی شده است. گستردگی خدمات موجود در فضای مجازی، افزایش سرعت اینترنت، دسترسی اکثر افراد و حتی اشیا به اینترنت به‌عنوان کلید ورود به فضای مجازی و در نهایت طوفان شبکه‌های اجتماعی هر روز افراد بیشتری را درگیر این اعتیاد می‌کند.

📝 همین حالا!

سعی کنید شباهت‌های اعتیاد به سیگار را با اعتیاد به اینترنت یا موبایل بنویسید. تفاوت‌هایی که به نظرتان می‌رسند چیست؟

وقتی پای سیگار به یک خانه باز می‌شود، آن‌قدر آشکار و واضح است که توجه همه را به خود جلب می‌کند. سرفه‌های ناشی از کشیدن سیگار زنگ خطر را برای همه به صدا درمی‌آورد. اگر کسی قصد ترک آن را هم داشته باشد می‌تواند آن را زیر پایش له کند و تصمیم بگیرد دیگر دست به آن نزند. اما در مورد اعتیاد به فضای مجازی داستان متفاوت است. اینترنت و شبکه‌های اجتماعی، در دسترس همه قرار دارد و بسیاری از کارهای روزمره باید از این طریق انجام شود. چیزی برای له کردن زیر پا وجود ندارد.

اعتیاد و فرزند من

طبق گزارشی که در سال ۹۶ توسط رئیس حراست آموزش‌وپرورش کشور ارائه شد در ایران نزدیک به ۱۸ میلیون کودک و نوجوان داریم که حدود هشت میلیون نفر آنان روزانه شش ساعت در فضای مجازی سیر می‌کنند.

ایستگاه تفکر

روزانه شش ساعت پای موبایل و اینترنت نشستن یعنی تقریباً به‌اندازه یک‌شب تا صبح بیداربودن! یعنی یک چهارم از بهترین زمان زندگی یک انسان.

هرکسی در هر سن و جایگاهی استعداد اعتیاد به فضای مجازی را دارد. استفاده از اینترنت برای سرعت بخشیدن به کارها و رابطه‌ها، هدف اولیه به‌وجودآمدن اینترنت بوده است؛ اما وقتی شکل غیرعادی به خودش می‌گیرد و شخص بیش‌ازحد به آن وابسته

می‌شود مشکلات آغاز می‌گردد .

آگاهی‌دادن به افراد جوان و بزرگسال می‌تواند دید آنها تا حد زیادی آنها را نسبت به عواقب اعتیاد به فضای مجازی روشن کند؛ اما موضوع در مورد کودکان و نوجوانان متفاوت‌تر است. آنها هنوز درک کاملی ازآنچه در فضای مجازی می‌گذرد ندارند. گاهی در نظر آنها شخصیت‌های داخل بازی‌های رایانه‌ای و موبایلی واقعی‌تر از پدرها و مادرهای آنها هستند.

برای آنکه بتوانیم راهنمای خوبی برای فرزندانمان باشیم باید این فضا و مشخصات آن را خوب بشناسیم. همه‌چیز به آگاهی ما بستگی دارد.

💡 ایستگاه تفکر

نیکلاس کار در کتاب معروف خود به نام «اینترنت با مغز ما چه می‌کند» به این موضوع اشاره می‌کند که با تصاویر پیشرفته MRI مشخص‌شده است که مغز افرادی که به اینترنت اعتیاد دارند شبیه مغز کسانی است که به مواد مخدر اعتیاد دارند!

فصل دوم

فضای مجازی به زبان ساده

حکایت قصر و دروازه و کلید

فرض کنید روبه‌روی یک قصر بسیار بزرگ قرار دارید که یک دروازه بزرگ دارد. داخل این قصر تالارهای بسیار باشکوه و زیبا وجود دارد. در وسط هر تالار یک میز پر از غذاهای متفاوت گذاشته‌اند و آدم‌های داخل قصر می‌توانند بین این تالارها حرکت کنند و از هر غذایی که دوست دارند بخورند. در این قصر شلوغ و پررفت‌وآمد، همه‌جور غذایی پیدا می‌شود. نکته جالب این است که شما هم می‌توانید آزادانه هر غذایی را که دوست دارید بپزید و برای مصرف دیگران روی میز قرار دهید! البته چون هرکسی می‌تواند غذا بپزد گاهی غذای فاسد شده یا ناسالم هم بین آن‌ها پیدا می‌شود. همه در حال تزیین غذاهای خود هستند تا بقیه بیشتر به سمت غذاهای آن‌ها جذب شوند. هرلحظه از پشت بلندگو اعلام می‌کنند که غذای جدید در تالارها سرو می‌شود. من هم مثل شما علاقه‌مندم وارد این قصر بشوم. فقط برای گذشتن از دروازه و ورود به هر تالار، باید کلید داشته باشیم تا از آن فضا استفاده کنیم. اسم این قصر مجلل و عجیب، «فضای مجازی» است.

> ✍ چه واژه آشنایی ! فضای مجازی !

با فراگیرشدن رایانه و اینترنت و شبکه‌های اجتماعی، همچنین استفاده گسترده از پیام‌رسان‌ها مانند تلگرام، اینستاگرام و... واژه فضای مجازی را زیاد می‌شنویم. برای آنکه وقتی به این اصطلاح برخورد می‌کنیم آگاه باشیم که دقیقا با چه چیزی روبه‌رو هستیم باید درک درستی از آن داشته باشیم. به همان اندازه که ما باید خیابان‌ها و کوچه‌های محل زندگی‌مان را خوب بشناسیم و بدانیم در کجا زندگی می‌کنیم شناخت این فضا نیز مهم است. چون ما زمان زیادی از عمر خود را در آن می‌گذرانیم.

> ✍ یک سکانس از فیلم ماتریکس

فیلم ماتریکس یکی از فیلم‌های تأثیرگذار تاریخ سینما است. اگر فیلم تخیلی ماتریکس محصول سال ۱۹۹۹ را دیده باشید، در آن فیلم نشان می‌دهد که قهرمان فیلم کم‌کم متوجه می‌شود که ما در دنیایی پر از کنترل و برتری موجودات عجیب و به‌ظاهر فناناپذیر

زندگی می‌کنیم و یک دنیای دیگر به‌موازات این دنیا وجود دارد. در این فیلم، افراد برای عبور بین دنیاهای مختلف نیازمند رسیدن به درهای ورودی و خروجی هستند که فقط در مکان‌هایی خاص وجود دارد. برای عبور از این درها باید آن تلفنی را که دروازه ورود است جواب داد.

من وقتی به فیلم‌های تخیلی نگاه می‌کنم این جمله را از ویلیام آرتور، نویسنده آمریکایی، به خاطر می‌آورم:

«هر چیز که بتوانیم آن را در تخیل خود بسازیم، امکان‌پذیر است.»

به‌راستی آیا ممکن است یک تلفن بتواند دروازه ورود ما به دنیای ناشناخته‌ها باشد؟

از کدام در باید وارد شویم؟

برگردیم به داستان خودمان؛ همان حکایت قصر و دروازه‌ها و آن تالارهای بزرگ و خوراکی‌های رنگارنگش. به نظر من موبایل و رایانه ما، همان دروازه‌های واردشدن ما به فضای مجازی هستند. تبلت و حتی شاید تلویزیون‌های جدید هم هرکدام یک دروازه به

سوی این دنیای جدید محسوب شوند.

یادم می‌آید زمانی داشتن یک رایانه برای هر خانه در حد خریدن خودرو مهم بود. اولین بار که به اصرار عمویم صاحب یک کامپیوتر شدم، خودم هم درواقع نمی‌دانستم یک دروازه ورودی برای خانه خریده‌ایم.

💡 ایستگاه تفکر

تا سال ۲۰۱۷ نزدیک به ۲۰ میلیارد وسیله در سرتاسر جهان به اینترنت متصل بوده است. این عدد را با جمعیت ۷.۵ میلیارد نفری روی زمین در آن زمان مقایسه کنید!

جالب است بدانید هرماه، نزدیک به ۳۲۸ میلیون دستگاه و وسیله‌ی جدید به اینترنت وصل می‌شود.

نوع نیاز ما و نحوه دسترسی ما به این ابزارها باعث می‌شوند که ما از وسایل مختلف استفاده کنیم؛ مثلا امروزه تلفن همراه یا همان موبایل دیگر یک وسیله لوکس نیست. اکثر افراد روی کره زمین حتی خیلی از آنهایی که زیر خط فقر زندگی می‌کنند موبایل دارند.

کلید ورود به فضای مجازی

ورود به فضای مجازی، نیاز به یک شاه‌کلید دارد که آن اینترنت است. اینترنت درواقع شبکه بزرگی از کامپیوترهاست که به هم متصل هستند و اطلاعات خود را به اشتراک گذاشته‌اند. روی این اطلاعات پردازش‌های مختلفی انجام می‌شود و به شکل‌های مختلف در اختیار کاربران قرار می‌گیرد. این اطلاعات مانند همان غذاهای داخل قصر هستند.با کلید اینترنت می‌توانیم وارد قصر بزرگ فضای مجازی شویم و بعد از ورود به تالارها و خدمات مختلف، از اطلاعات و هرچه دوست داریم استفاده کنیم.

 در فضای مجازی چه خبر است؟

دانستیم که اینترنت همان فضای مجازی نیست. بلکه اینترنت کلید ورود به آن است؛ اما داخل این قصر چه اتفاقاتی می‌افتد؟ شبکه‌های اجتماعی مانند تلگرام، اینستاگرام، فیس‌بوک، توییتر و... را می‌توانیم تنها یکی از تالارهای بزرگ بدانیم. درواقع فضای

مجازی خیلی بزرگ‌تر و فراتر از شبکه‌های اجتماعی است. خدمات زیادی از طریق فضای مجازی در دسترس ما قرار می‌گیرد و ما می‌توانیم از آنها استفاده کنیم.

مثلا

موتورهای جست‌وجو مانند گوگل، یاهو، بینگ و...

شبکه‌های اجتماعی مانند. فیس‌بوک و کلوپ و تانگو و...

پیام‌رسان: قدیمی‌ترین نوع انتقال پیام، ایمیل یا همان پست الکترونیک است. البته با فراگیر شدن تلفن همراه شاهد ظهور پیام‌رسان‌های فوری مانند تلگرام و ایمو و اسکایپ هستیم.

اشتراک‌گذاری: سرویس‌هایی که برای میزبانی فایل، متن، عکس، ویدئو و صوت خدمات می‌دهند مانند اینستاگرام یوتیوب یا آپارات.

البته در فضای مجازی خدمات و سرویس‌های مختلف می‌توانند باهم ترکیب شوند و نوع جدیدی را به وجود بیاورند.

آموزش: دانشگاه‌های آنلاین یا سایت‌هایی که به آموزش موضوعات مختلف می‌پردازند؛ مانند سایت فرزند سبز به آموزش روش درست زندگی در فضای مجازی و تربیت فرزند می‌پردازد.

خدمات دولتی: وقتی فرمی را در سایت یک اداره پر می‌کنید یا درخواست مجوزی می‌دهید در حال استفاده از خدمات دولتی و سازمانی هستید.

تفریح و سرگرمی: انواع بازی‌های رایانه‌ای، یا بازی‌هایی که روی موبایل و تبلت نصب می‌شود.

کسب‌وکار: انواع خریدوفروش کالا و خدمات، فروشگاه‌های آنلاین، بورس و اوراق بهادار و...

البته خدمات فضای مجازی محدود به این موارد نیست؛ بنابراین ما با دنیایی از اطلاعات و خدمات مختلف روبه‌رو هستیم که می‌توانند به ما در زندگی بهتر کمک کنند.

📝 همین حالا!

نام برنامه‌هایی که روی گوشی موبایل شما نصب است را به یاد بیاورید. برنامه‌های بانکی، شبکه‌های اجتماعی، برنامه‌های خرید بلیت، بازی‌ها... سعی کنید نام آن‌ها را تا جایی که به خاطر می‌آورید بنویسید:

_____

_____

یعنی این دنیا حقیقی نیست؟

معمولا کلمه مجازی را متضاد حقیقی می‌دانند؛ اما آیا دنیای مجازی یعنی دنیایی که حقیقی نیست؟

من معتقدم این دنیا کاملا حقیقی است. چون اثرات آن حقیقی هستند. همه واژه‌هایی که در دنیای واقعی با آنها روبه‌رو هستیم معادلی در فضای مجازی دارند. بسیاری از قوانین، در حال بازنویسی برای استفاده در فضای مجازی هستند. اهمیت فضای مجازی آن‌قدر زیاد شده است که زندگی بدون آن قابل تصور نیست. چیزی که قرار بود فقط یک ابزار در زندگی انسان‌ها باشد، اکنون سبک زندگی و روابط میان انسان‌ها را تعریف می‌کند. اینترنت به تمام گفتگوها و رفتارهای ما وارد شده و زندگی ما و فرزندان ما را تغییر داده است.

ایستگاه تفکر

تصور کنید به ۱۵ سال پیش بازگشته‌اید و هیچ برنامه یا بازی روی موبایل شما نصب نمی‌شود. اینترنت هم فقط از طریق یک رایانه در داخل خانه یا در کافی نت قابل‌دسترسی است. زندگی شما چقدر تغییر خواهد کرد؟

چرا دید منفی وجود دارد؟

شاید شما هم دیده باشید که در بسیاری از برنامه‌های تلویزیونی یا بخش‌های خبری، کارشناسان درباره پیامدهای استفاده کودکان از فضای مجازی هشدار می‌دهند. اما چرا میزان هشدارها و نگرانی‌ها تا این حد زیاد شده است؟ اگر این فضا تا این حد خطرناک است چرا کاملا جلوی دسترسی به آن گرفته نمی‌شود؟!

وقتی دقیق‌تر نگاه کنیم متوجه می‌شویم مشکلات جسمی و روحی ناشی از فضای مجازی، به دلیل رها شدن کودکان در این فضا بدون هیچ برنامه مشخص و دانش کافی است. در واقع اگر به هر کاری،

بدون شناخت محیط و ابزارهای آن دست بزنیم، ممکن است خطرناک باشد. شما هم با من موافق هستید که فرزندان ما به دلایل مختلف، نیازمند راهنمایی هستند و اگر آن‌ها را در این محیط تنها بگذاریم آینده روشنی در انتظار ما و آن ها نخواهد بود.

من بیش از ۲۰ سال، حرفه و شغلم در رابطه با فناوری اطلاعات و کار با رایانه بوده است؛ اما اگر دانش لازم برای استفاده از فنّاوری‌های جدید را نداشته باشم تفاوتی با آن کودک ندارم و به همان اندازه در برابر خطرات آن آسیب‌پذیر هستم. تفاوت ما و کودکان در این است که آنها توانایی خواندن این کتاب‌ها و شرکت در کارگاه‌های آموزشی را ندارند ولی ما می‌توانیم به رفتار خود، آگاه شده و آن‌ها را سریع‌تر اصلاح کنیم.

فصل سوم

چرا باید زندگی در فضای مجازی را به فرزندانمان یاد بدهیم؟

ما خیلی وقت‌ها، نقش وجود هوا در زندگی‌مان را نادیده می‌گیریم؛ اما به‌محض اینکه هوا کمی آلوده می‌شود یادمان می‌افتد که هوای پاک چه نقش بزرگی در لحظه‌لحظه زندگی دارد. فضای مجازی نیز بااینکه قابل دیدن نیست؛ اما اثرات آن، در زندگی واقعی ما مشاهده می‌شود.

در حقیقت ما دو هویت جدا از هم و کاملا متفاوت در جامعه و در فضای مجازی داریم. در فضای مجازی می توانیم سن، شهرت یا حتی یک قیافه ظاهری متفاوت داشته باشیم. بنابراین لازم است روش زندگی در این فضا را هم بیاموزیم. شاید شما بگویید که زندگی شما در فضای مجازی و دنیای واقعی تفاوتی ندارد اما اغلب افرادی که در این فضا حضور دارند به‌گونه‌ای دیگر رفتار می‌کنند. بنابراین همان‌طور که زندگی در بین مردم را به فرزندمان یاد می‌دهیم باید زندگی در فضای مجازی را هم به او بیاموزیم.

ما همیشه کنار آنها نیستیم

آیا اکنون که شما این کتاب را مطالعه می‌کنید کودک شما در کنار شماست؟ آیا فرزند شما در دید شما قرار دارد؟ آیا می‌دانید هم‌اکنون در حال چه‌کاری است یا به چه چیزی فکر می‌کند؟ باید قبول کنیم که ما نمی‌توانیم همیشه در کنار آنها باشیم و اصلا قرار نیست ما هر لحظه رفتارها و تفکرات آنها را کنترل کنیم بلکه باید به آنها مهارت درست فکر کردن و درست عمل کردن را بیاموزیم. در یک جلسه سخنرانی، وقتی در مورد این موضوع صحبت می‌کردم، مادری گفت: «در خانواده ما ضرب‌المثلی است که هر وقت صدای بچه‌ها به گوش نمی‌رسد فاجعه‌ای در حال رخ دادن است!». در حقیقت این مادر، به این نکته اشاره داشت که اگر راه و روش زندگی را یاد نگیریم و به فرزندانمان نیاموزیم باید هر لحظه نگران آنها باشیم.

از بقیه یاد می‌گیرند

ذهن کودک مانند یک آهنربای پرقدرت در حال جذب اطلاعات از دنیای اطراف است. منبع این اطلاعات می‌تواند پدر و مادر او باشند یا آدم‌های نزدیک یا حتی رسانه‌ها مانند تلویزیون و اینترنت. بنابراین باید خود پدر و مادر، برای آموزش زندگی در فضای مجازی پیشگام شوند. من در گفت‌وگوهایی که با تعداد زیادی از والدین داشته‌ام مشاهده کرده‌ام که خیلی از آن ها به خود زحمت یادگیری فناوری‌های جدید و آموزش آن را نمی‌دهند و آن را به سن یا سواد یا حتی حوصله خود ربط می‌دهند.

حقیقت این است که اگر ما راه و رسم درست را به فرزندانمان آموزش ندهیم آنها روش نادرست را از افرادی یاد می گیرند که ما دوست نداریم. ما می‌توانیم خودمان انتخاب کنیم که فرزند ما چگونه اطلاعاتش را پیدا کند. البته منظور من این نیست که فرزندمان را محدود کنیم. ما باید اطلاعات خودمان را افزایش دهیم.

همین حالا!

چند ساعت رفتارهای کودک خود و حرف‌هایی که می‌زند را زیر نظر بگیرید و بنویسید. کدام‌یک از آن‌ها را شما به او یاد داده‌اید؟ برنامه‌های تلویزیونی و دوستان و محیط زندگی چقدر در شکل دادن به رفتار و گفتار او موثر بوده اند !

_____

_____

بلوغ زودرس

بلوغ زودرس اصطلاحی است که گاهی می‌شنویم؛ اما واقعا چه جور چیزی است؟

بلوغ دورانی است که یک نوجوان ازنظر فیزیکی و روانی آمادگی لازم را برای باروری پیدا می‌کند. بلوغ تقریبا بین ۱۱ تا ۱۶ سالگی رخ می‌دهد اما عواملی مانند محیط و وراثت یا حتی ورزش می‌تواند این زمان را کمی تغییر دهد. اگر به هر دلیل این زمان بیش از اندازه جابه‌جا شود یا در ذهن و بدن این تغییرات به صورت هم‌زمان

رخ ندهد بلوغ زودرس اتفاق افتاده است؛ یعنی گاهی بدن و گاهی روان یک نوجوان زودتر به این مرحله می‌رسد و این سرآغاز مشکلات است. بلوغ زودرس باعث تنهایی فرزندان ما می‌شود و اعتمادبه‌نفس آنها را هم کاهش می‌دهد.

 ۳ دلیل برای بلوغ زودرس بر اثر فضای مجازی

به نظر شما چگونه فضای مجازی می‌تواند بر بلوغ زودرس کودکان و نوجوانان تأثیر داشته باشد؟ به نظر من سه دلیل خیلی مهم برای این موضوع وجود دارد.

کم‌تحرکی: اینترنت و فضای مجازی باعث کم‌تحرکی و درنتیجه چاقی کودکان شده است. چاقی یعنی افزایش چربی در بدن. از نظر علمی، سلول‌های چربی باعث آزاد شدن پروتئین‌هایی خاص در بدن می‌شوند. این پروتئین‌ها باعث مخابره این پیام به مغز می‌شوند که در بدن انرژی و آمادگی لازم برای بلوغ وجود دارد.

دسترسی به انواع اطلاعات: از نظر علمی یکی از مهم‌ترین عوامل ترشح هورمون‌های جنسی، نگاه کردن است. وقتی کودکان خود را در اینترنت رها می‌کنیم، به‌راحتی می‌توانند شاهد محتوای خشونت‌آمیز یا صحنه‌های تحریک‌کننده باشند. تحریک بیشتر این غدد، در دورانی که فرزند ما هنوز آمادگی ذهنی و جسمی لازم را ندارد می‌تواند باعث بلوغ زودرس شود.

استرس و تعارض: فضای مجازی آن‌قدر جذابیت دارد که می‌تواند باعث تنهایی فرزند ما شود. به‌جای آنکه او تعامل کردن و بخشش و تاب‌آوری را در محیط واقعی اجتماع بیاموزد، به فضای مجازی وابسته می‌شود. عدم یادگیری مهارت‌های ارتباطی، باعث تعارض بین کودک و دنیای بیرون او می‌شود. استرس و تهدید سلامت هیجانی، بلوغ ذهنی را جلو می‌اندازد.

 درون‌گراها در خطر هستند

آیا تاکنون این جمله را شنیده‌اید که فلانی یک انسان درون‌گرا

است؟ یا مثلا آن شخص بسیار منطقی است؟ در گفت‌وگوهای بین مردم ممکن است این کلمات بسیار تکرار شوند؛ اما از نظر علم روان‌شناسی روش‌های مختلفی برای شناختن شخصیت انسان‌ها وجود دارد.

هدف ما در این کتاب، بررسی تیپ‌های شخصیتی نیست بلکه می‌خواهیم بدانیم چه افرادی بیشتر به سمت فضای مجازی کشیده می‌شوند و چه افرادی بیشتر در معرض خطر حضور در این فضا هستند.

 همین حالا!

به صفحه اختصاصی کتاب در سایت فرزند سبز رفته و آزمون شخصیت شناسی آن را به‌رایگان تکمیل کنید. گرچه این آزمون‌ها همیشه نمی‌توانند به‌صورت صددرصد یک انسان را توصیف کنند؛ اما باعث می‌شود هرکسی به شناخت بهتری از خودش برسد.

درون‌گرایی یا برون‌گرایی؟

انسان‌ها به دودسته افراد درون‌گرا و برون‌گرا تقسیم می‌شوند البته این‌گونه نیست که یک نفر درون‌گرای خالص یا برون‌گرای خالص باشد. بلکه درون‌گرایی یا برون‌گرایی یک طیف است که در هر شخص ممکن است یک ویژگی غالب باشد.

افراد درون‌گرا تمایل دارند زمان خود را به‌تنهایی بگذرانند، آنها انرژی خود را از تنهایی کتاب خواندن یا تماشای تلویزیون می‌گیرند؛ اما در عوض انسان‌های برون‌گرا انرژی خود را از حضور در بین افراد دیگر دریافت می‌کنند. درون‌گرا بودن یا برون‌گرایی یا هر تیپ شخصیتی به‌تنهایی خوب یا بد نیست، بلکه اگر میزان تأثیر آن در زندگی هر فرد، بیش‌ازحد باشد موجب مشکلاتی در ارتباط شخص با دیگر افراد جامعه خواهد شد.

جذابیت‌های فضای مجازی باعث می‌شود افراد تمایل داشته باشند زمان خود را با شبکه‌های اجتماعی یا گشت‌وگذار در اینترنت بگذرانند و همین موجب تربیت افراد درون‌گرا در جامعه خواهد شد. از طرفی افراد درون‌گرا، تمایل بیشتری به حضور در

شبکه‌های اجتماعی دارند. برخلاف نام شبکه‌های اجتماعی که نشان از برخوردها و تعاملات اجتماعی است؛ در فضای مجازی شاهد تعاملات سالم در این حیطه نیستیم.

بنابراین واضح است که فضای مجازی انسان‌های درون‌گرا تربیت می‌کند و همچنین انسان‌های درون‌گرا تمایل بیشتری برای حضور در این فضا دارند.

البته برون‌گرایی هم دردسرهای خودش را دارد. افراد برون‌گرا دائما در حال افزایش ارتباطات خود با دیگران هستند. آنها از هر فرصتی، برای ابراز وجود و نشان دادن موفقیت‌ها و جایگاهشان به بقیه استفاده می‌کنند. در شبکه‌های اجتماعی بیشتر از بقیه مشارکت می‌کنند و تصاویر بیشتری از خودشان در پروفایل یا صفحات شخصی منتشر می‌کنند. همین ویژگی می‌تواند فرزندان ما را در معرض خطرات انتشار تصاویر شخصی و افشای اطلاعات خانوادگی قرار دهد.

بیماری اردک

پژوهشگران دانشگاه استنفورد، بعد از بررسی فعالیت‌های چند دانشجو در صفحات مجازی که خودکشی کرده بودند به موضوع

عجیبی برخورد کردند. آن افراد، در صفحات شخصی خود بهظاهر بسیار شاد و امیدوار بودند و نقلقولهایی انگیزهبخش منتشر میکردند؛ اما حقیقت آن بود که در دنیای واقعی مشکلات زیادی داشتند و فقط سعی میکردند چهرهای شاد و خوشبخت از خود برای دیگران به نمایش بگذارند.

تماشای اردکهایی که نرم و آرام روی آب به اینطرف و آنطرف حرکت میکنند واقعا دیدنی است. آرامش اردکها روی آب، با تقلا و دستوپا زدنهای در زیر آب آنها قابل مقایسه نیست. به همین دلیل نام بیماری اردک را بر روی این وضعیت گذاشتهاند. فضای مجازی ما را تبدیل به انسانهایی میکند که فقط روزهای شاد خود را به اشتراک میگذاریم و وقتی خودمان به صفحات شخصی خود مراجعه میکنیم با انسانی روبهرو میشویم که گاهی او را نمیشناسیم.

ایستگاه تفکر

آیا شما هم افرادی را می‌شناسید که فقط به فکر تائید نوشته‌ها و عکس‌هایشان در فضای مجازی هستند؟ مثلاً دائم جملات فلسفی یا سخنان نغز بزرگان را منتشر می‌کنند و از لایک‌خوردن آنها لذت می‌برند؟ به نظر شما عزت‌نفس چه جایگاهی در زندگی این افراد دارد؟

 احتمال سوء استفاده بیشتر

بارها در گزارش‌های خبری دیده و شنیده‌ایم که افرادی مورد سوءاستفاده یا کلاه‌برداری در فضای مجازی قرارگرفته‌اند. مثلا به حساب افراد پولی واریز کرده‌اند و خدماتی دریافت نکرده‌اند یا از آنها اخاذی شده است. اطلاعاتی که ما جدا از هم و به‌راحتی در فضای مجازی منتشر می‌کنیم می‌تواند توسط افراد سودجو کنار هم قرار داده‌شده و خود را از این طریق به ما نزدیک کنند.

کودکان بیش از دیگران در معرض سوءاستفاده قرار می‌گیرند. آنها به علت روح پاکی که دارند از فریب‌ها و اتفاقاتی که در کمین آن‌هاست بی‌اطلاع هستند. فرض کنید شخصی با دادن اطلاعاتی در مورد محل کار و سن و مشخصاتی از شما به فرزندتان، خود را دوست شما معرفی کند و از فرزند شما بخواهد کاری را انجام دهد. می‌بینید که چقدر احتمال سوءاستفاده از کودکان زیاد است.

 همین حالا!

سعی کنید در نقش یک انسان دیگر به دنبال اطلاعاتی در مورد خودتان در فضای مجازی بگردید. در قسمت نظرات وبلاگ‌ها، نوشته‌های تلگرام، تصاویر پروفایل، صفحات اینستاگرام خودتان یا دیگران، ایمیل‌ها و.... چقدر امکان سوءاستفاده از این اطلاعات وجود دارد؟

حریم خانواده

اولین باری که می‌خواستم حریم خانواده را برای فرزندم توضیح دهم کاملا گیج شده بود. برای او توضیح دادم که لازم نیست در همه سایت‌ها از نام و مشخصات اصلی خود استفاده کنیم؛ چون امکان دارد از اطلاعات ما سوءاستفاده کنند. همچنین نباید دیگران عکس‌های شخصی و هرچه به خانواده ما مربوط است را ببینند و بدانند. به نظر او، این کار با راست‌گویی در تناقض بود. مدت زیادی طول کشید که این تناقض را در ذهن او حل کردم.

حریم خصوصی یک تعریف مشخص و روشن دارد. هر چیزی که مربوط به زندگی خصوصی شما و البته اطرافیان نزدیک شماست حریم خصوصی شما محسوب می‌شود. باید برای فرزند خود دقیقا روشن کنید چرا حریم خانواده و مراقبت از آن مهم است و چه انتظاری از همه افراد خانواده در این زمینه وجود دارد. عدم توجه به حریم خانواده، چه در زندگی واقعی و چه در فضای مجازی می‌تواند برای خانواده‌ها سنگین تمام شود.

اشتراک اطلاعات یا افشای اطلاعات؟

ما باید تفاوت بین اشتراک‌گذاری اطلاعات و فاش‌کردن اطلاعات را به کودکان بیاموزیم؛ مثلا وقتی در اینترنت صحبت از به اشتراک‌گذاری عکس، عقاید، تجربه‌ها و ... است به کودکان بیاموزیم هرگز اطلاعات شخصی، شماره تماس، آدرس، شماره‌حساب بانکی، پسورد و ... را به اشتراک نگذارند. همچنین اگر عکس یا اطلاعاتی را در اینترنت به اشتراک بگذارند، اگرچه می‌توان بعدها آن را حذف کرد؛ اما امکان خطر، حتی در همان زمان کوتاه وجود دارد و نمی‌توان اثرات آن را به‌کلی از بین برد. با فرزندتان در این مورد صحبت کنید.

 همین حالا!

به این فکر کنید تاکنون برای ثبت‌نام در سایت‌های غیردولتی، چه اطلاعاتی را داده‌اید؟ مثلاً شماره موبایل شخصی، پست الکترونیک، نشانی منزل و....

در فضای مجازی، ارتباط برقرار کردن با غریبه‌ها می‌تواند خطرناک‌تر از دنیای واقعی باشد؛ بنابراین هنگام اشتراک گذاشتن اطلاعات باید احتمال آن را بدهیم که چطور یک فرد ممکن است از این اطلاعات سوءاستفاده کند.

 نرم‌افزارهای موبایل، تهدیدی پنهان

خیلی از افراد، دانش بررسی نرم‌افزارهای موبایل را از نظر حق دسترسی‌های داده‌شده ندارند. گاهی وقت‌ها متخصصین هم پس از پخش یک نرم‌افزار و استفاده گسترده از آن، پی به خطرهای آن می‌برند؛ بنابراین دور از انتظار نیست که کودکان و نوجوانان که جذابیت‌های ظاهری برنامه یا بازی برای آنها مهم است درگیر جاسوس‌افزارها شوند.

همین حالا!

به قسمت تنظیمات گوشی همراه خود بروید و از قسمت برنامه‌ها یک برنامه یا بازی را انتخاب کنید. حالا به قسمت حق دسترسی‌های آن برنامه بروید. آیا شما حق دسترسی به لیست مخاطبان خود، گالری تصاویر، فایل‌ها، میکروفن گوشی یا حتی دوربین خود را به آن‌ها داده‌اید؟ آیا واقعاً به این حجم از دسترسی نیاز دارند؟

از طرفی نصب برنامه‌های متعدد و حجم بالای بعضی بازی‌ها هنگام نصب یا راه‌اندازی می‌تواند هزینه زیادی برای خانواده داشته باشد. بعضی از برنامه‌ها رایگان نیستند و این هزینه مضاعفی ایجاد می‌کند.

 موبایل یا یک وسیله کمک‌آموزشی؟

گرچه اینترنت می‌تواند یکی از بهترین منابعی باشد که کودک از زمان رفتن به مدرسه یا حتی قبل از آن برای یافتن سؤالاتش استفاده کند؛ اما روش استفاده از آن‌هم بسیار مهم است. یک روز در جلسه مشاوره، مادری که از فشار بیش‌ازحد دخترش برای داشتن موبایل

و تلگرام به ستوه آمده بود برایم از نگرانی‌هایش صحبت می‌کرد. تصمیم گرفتم دلیل را مستقیما از فرزندش بپرسم. آن دختر برگه امتحانی‌اش را نشان داد که در آن معلم جوان مدرسه، آدرس گروه تلگرامی خودش را برای رفع عیب مشکلات درسی و پاسخ سؤالات امتحان معرفی کرده بود. آن دختر هم نگران وضعیت درسی خودش بود.

اینکه معلمی بخواهد بیش از زمان مدرسه و کلاس، برای دانش‌آموزان وقت بگذارد و همراه با فناوری حرکت کند خیلی خوب است؛ اما قبل از هر اقدامی، باید نتایج و پیامدهای جانبی آن را نیز در نظر بگیریم. مادران و پدران، باید فعالانه در جلسات اولیا و مربیان مدرسه دغدغه‌هایشان را مطرح کنند و راه‌حل‌های جایگزین را پیدا کنند. مسلما شبکه‌های اجتماعی باید آخرین راه‌حل باشد، نه اولین.

همین حالا!

راه‌های جدیدی برای دوربودن از فضای موبایل هنگام درس‌خواندن فرزندتان پیدا کنید؛ مثلاً اگر از نظر معلم مدرسه اشکالی ندارد برای او یک ماشین‌حساب بخرید تا مجبور به استفاده از موبایل نباشد. یک دوربین دیجیتال کوچک می‌تواند جایگزین دوربین موبایل شود.

 کاهش خلاقیت

وقتی ذهن کودک پر از تصاویر انتزاعی و غیرقابل لمس باشد، دیگر جایی برای شکوفایی خلاقیت باقی نمی‌ماند. ذهن فرزند شما پس از تولد قادر به درک تصاویر انتزاعی نیست؛ بنابراین روان‌شناسان توصیه می‌کنند در سال‌های ابتدایی رشد کودک زمانش را با بازی در طبیعت یا اسباب‌بازی بگذارند تا بازی با موبایل یا تماشای تلویزیون. تماشای بلندمدت فیلم یا بازی به مدت زیاد کودک را خسته و بی‌حوصله می‌کند.

ایستگاه تفکر 💡

یک ثانیه از یک فیلم از پشت سر هم قرار گرفتن ۲۵ تا ۳۰ تصویر ساخته‌شده است. اگر فرزند شما دو ساعت را پای تلویزیون بگذراند نزدیک به ۲۰۰ هزار تصویر برای پردازش وارد ذهن او می‌شود! آیا به نظر شما دیگر جایی برای تفکر خلاق باقی خواهد ماند؟

تماشای یک فیلم دوساعته، تقریبا دو هزار تصویر را نمایش می‌دهد که تمام آنها توسط فرد دیگری ساخته‌شده است. وقتی هنوز مهارت و قدرت تصویرسازی ذهنی در کودک تقویت نشده است این تصاویر می‌تواند برای خلاقیت کودک در تصویرسازی مخرب باشد؛ بنابراین یکی از دلایل اصلی نهی تماشای زیاد تلویزیون، حتی برای کودکان بالای دو سال نیز همین است.

نسل جدید چه فرقی می‌کند؟ ✍️

همه ما وقتی کودک بودیم از تماشای فیلم و کارتون لذت می‌بردیم. در آن زمان تبلت برای تماشای فیلم وجود نداشت. برنامه کودک،

حداکثر یک یا دو ساعت بود و بعد از آن زمان، ما با تلویزیون کاری نداشتیم؛ اما اکنون چندین شبکه تلویزیونی فقط با رویکرد کودک و نوجوان وجود دارد؛ یعنی اگر ۲۴ ساعت هم تلویزیون روشن باشد برنامه‌ها و تکرارشان تمامی ندارند. بدتر از آن زمانی است که به هر علت به تلویزیون دسترسی نداریم و یا برنامه دلخواه کودک پخش نمی‌شود. حالا وقت موبایل و تبلت است!

ایستگاه تفکر

آیا در خانه شما نیز تلویزیون از صبح تا شب روشن است؟ آیا مودم اینترنت خانه شما همیشه روشن است؟ حتی وقتی شما خواب هستید؟!

کودکان در سنین پایین، از طریق تعامل با دنیای اطرافشان می‌آموزند. تصاویر تلویزیون و یا فیلم و بازی‌هایی که ساعت‌ها مغز کودک را به یک بیننده و شنونده تمام‌عیار تبدیل می‌کند، نمی‌توانند نقش آموزش‌دهنده داشته باشند حتی اگر اسم آنها برنامه آموزشی باشد.

فصل چهارم

سلامتی فرزندانمان را جدی بگیریم

اگر از شما بخواهند برای چیزهایی که دارید شکرگزاری کنید اولین مورد آن ، چه خواهد بود؟ مطمئن هستم اولین مورد داشتن یک وسیله خاص و گران‌قیمت نیست. من در اکثر کلاس‌هایم، حتی آنهایی که برای بچه‌های مدرسه برگزار می‌کنم این سؤال را می‌پرسم. به خاطر ندارم که سلامتی، یکی از سه مورد اول نوشته‌شده نباشد.

سلامتی مهم‌ترین هدیه‌ای است که خدا به ما داده است. ما بیش از سلامتی خودمان، به سلامتی فرزندانمان فکر می‌کنیم. در خانه ما کوچک‌ترین بیماری بچه‌ها، همه خانواده را تحت تأثیر قرار می‌دهد. خیلی وقت‌ها خودمان به دلایلی که نمی‌دانیم بیمار می‌شویم؛ اما وقتی فرزندان ما بیمار می‌شوند می‌خواهیم حتما دلیل آن را بدانیم تا دوباره آن اتفاق رخ ندهد. سلامتی فرزند ما از هر ثروتی بالاتر است.

یک سوم از عمر فرزند شما

ما نزدیک به یک‌سوم از عمر خود را در خواب به سر می‌بریم. من معتقدم ارزش خواب ما کمتر از بیداری ما نیست. باید خواب،

بهترین و مؤثرترین وسیله برای استراحت مغز و آمادگی برای فعالیت مجدد باشد. بدن ما وقتی می‌خواهد برای یک خواب عمیق و مفید آماده شود، نیازمند ترشح هورمونی به نام ملاتونین است. طول موج کوتاه نور آبی که از تبلت و موبایل ساطع می‌شود، باعث تأخیر در ترشح ملاتونین می‌شود و خواب راحت شما را تحت تأثیر قرار می‌دهد.

💡 ایستگاه تفکر

آیا شما هم تا آخرین لحظات بیداری از موبایل خود استفاده می‌کنید؟ آیا موبایل خود را هنگام خواب در کنار خود قرار می‌دهید؟ فرزند شما چطور؟

بر اساس تحقیقاتی که در بریتانیا انجام‌شده حتی وجود ابزارهای دیجیتال در اتاق‌خواب می‌تواند بر کیفیت خواب تأثیر گذاشته و باعث کم‌خوابی یا اختلال خواب مخصوصا در کودکان شود؛ زیرا بااینکه شما و فرزندتان خواب هستید؛ اما ذهن شما همیشه آماده

پاسخ‌دادن به موبایل است.

طبق تحقیقاتی دیگری که در دانشگاه شیکاگو انجام‌شده است و پس از بررسی الگوی خواب کودکان، کاهش ماده خاکستری را در مناطق بسیاری از مغز این کودکان مبتلا به اختلال خواب مشاهده کرده‌اند. دقیقا همان قسمتی که مربوط به مهارت‌های حرکت، حل مسئله، حافظه، آموختن زبان، سیستم ایمنی، رشد و بسیاری از عملکردهای مهم دیگر بدن است.

🖎 گوژپشتی

متأسفانه تعداد بسیاری از کودکان ایرانی، امتداد نامناسبی در ستون فقرات دارند. نحوه نوشتن تکالیف، کتاب خواندن، استفاده از کوله‌پشتی‌های سنگین و درنهایت کار با موبایل باعث شده عادت‌های اشتباهی از دوران کودکی و نوجوانی، در بدن فرزندان ما ثبت شود. فشاری که به ستون فقرات و گردن ما هنگام نگاه کردن به صفحه موبایل وارد می‌شود بسیار زیاد است.

💡 ایستگاه تفکر

سر یک انسان بزرگسال، اگر حدود ۱۵ درجه روبه‌جلو خم شود حدود ۱۳ کیلو فشار مضاعف بر ستون فقرات وارد می‌کند. در هنگام کار با موبایل معمولاً این خمیدگی به حدود ۶۰ درجه هم می‌رسد؛ یعنی نزدیک به ۲۷ کیلوگرم فشار.

این وضعیت معادل فشاری است که یک کودک ۸ ساله را روی دوش خود حمل کنیم. شما روزی چند ساعت با موبایل خود کار می‌کنید؟

اگر پشت فرزند شما در حال پیدا کردن قوز است و شانه‌های او به سمت جلو افتاده باید نگران گوژپشتی زودهنگام او باشید. البته خبر خوب آن است که اگر در کودکی عادت‌های مناسب را به کودک یاد دهیم این وضعیت قابل‌بهبود است.

📝 همین حالا!

جهت مشاهده فیلم آموزشی نحوه مناسب نشستن و استفاده از رایانه و تلفن همراه به صفحه کتاب در سایت فرزند سبز مراجعه کنید.

مشکلات اسکلتی و عضلانی

حتما با من موافقید که می‌توان رشد کودکان را در سنین پایین
به‌خوبی مشاهده کرد. گاهی وقت‌ها استفاده یک کودک، از کلماتی
که تا روز قبل بلد نبوده و حرکاتی که تا یک ماه پیش از انجام آنها
ناتوان بوده والدین را به وجد می‌آورد. در این مسیر سریع رشد،
هر چیزی که مانع رشد سالم و مستمر کودک باشد می‌تواند یک
تهدید برای سلامتی فرزند شما باشد.

استفاده طولانی‌مدت از ابزارهای الکترونیکی لمسی مانند موبایل
و تبلت، رشد عضلات و شکل‌گیری استخوان‌بندی کودک را دچار
مشکل می‌کند. شاید دلیل اصلی آنکه آکادمی پزشکان اطفال
آمریکا هرگونه کار با موبایل و تبلت را برای کودکان زیر دو سال
ممنوع کرده است همین باشد. همچنین کودکان دو تا شش ساله
نباید بیش از ۲ ساعت به این ابزار دسترسی داشته باشند. البته
این به معنای مجوز بازی و سرگرمی آنها با این وسایل الکترونیک
نیست.

☞ کاهش رشد

در سال ۲۰۱۳ پس از گزارش کاهش تمرکز در بین تعدادی از دانش‌آموزان دانمارکی بعد از خوابیدن کنار گوشی‌های موبایل، آزمایش‌های زیادی روی گیاهان و حیوانات انجام شد. به این صورت که تعدادی از گیاهان را در اتاقی همراه با امواج وای‌فای و تعدادی دیگر را در اتاقی پاک از هر امواجی قراردادند؛ نتایج بسیار تکان‌دهنده بود. پس از مدتی گیاهانی که در معرض وای‌فای قرار داشتند، هیچ رشدی نکرده بودند درحالی‌که دسته دیگر رشد طبیعی خود را داشتند.

💡 ایستگاه تفکر

در سال ۲۰۱۴ دانشمندان تحقیقاتی را در مورد اینترنت 3G, 4G انجام دادند و به این نتیجه رسیدند که امواج این نسل از اینترنت خطرناک‌تر از امواج وای فای هستند و تأثیر شدیدتری روی کاهش عملکرد مغز دارند.

آیا نباید محدودیت بیشتری روی قرار گرفتن فرزندانمان در فضاهای سرشار از امواج وای فای و دیتا داشته باشیم؟

✍️ چاقی و اختلال تغذیه

یکی از بزرگ‌ترین اشتباهات والدین، استفاده از موبایل برای سرگرم کردن کودک و غذادادن به اوست. با این ترفند، شاید کودک شما غذای بیشتری بخورد؛ اما چیزی از غذا و طعم و مزه‌های مختلف نمی‌فهمد. البته چون نتایج آن بعد از چندین سال در رفتار کودک ظاهر می‌شود والدین و اطرافیان چندان حساسیتی از خود نشان نمی‌دهند. کم‌کم ذهن کودک شرطی شده و فقط وقتی غذا می‌خورد که با موبایل بازی کند یا تلویزیون تماشا کند. البته داستان به اینجا ختم نمی‌شود و کودک ناخودآگاه کم‌تحرک شده و عوارضی مانند چاقی یا اختلال تغذیه پیدا می‌کند.

ایستگاه تفکر

به این فکر کنید که برای شما یک وعده‌غذا خوردن مهم‌تر است یا سالم بودن فرزندتان؟ آیا این یک وعده‌غذا، ارزش این‌همه مشکلات را دارد؟

تنبلی چشم و ضعف بینایی

تحقیقات دانشمندان اروپایی نشان می‌دهد که سیستم عصبی و چشمی کودکان بر اثر کار زیاد با تبلت بسیار آسیب‌پذیر است. در گزارشی نیز که انجمن بینایی آمریکا در سال ۲۰۱۵ با عنوان «از چشمانتان در برابر دستگاه‌های دیجیتالی محافظت نمایید» منتشر کرده، خستگی چشم بیش از ۶۰ درصد از آمریکایی‌ها پس از استفاده درازمدت از دستگاه‌های الکترونیکی به اثبات رسیده است. نباید فراموش کنیم که نسل ما تقریبا نیمی از عمر خود را با رایانه و موبایل سپری کرده ولی فرزندان ما از اولین روزهای تولد در معرض خطرات قرارگرفتن در مقابل صفحات تلویزیون و کامپیوتر

و تبلت هستند. خستگی دیجیتالی چشم، که گاهی اوقات تحت عنوان سندروم بینایی کامپیوتری از آن یاد می‌شود، موجب نگرانی پزشکان و متخصصان شده است.

همین حالا!

می‌توانید به مقاله مرتبط با نور آبی موبایل یا تبلت در صفحه این کتاب در سایت فرزند سبز مراجعه کنید و نرم‌افزارهای مرتبط با آن را به رایگان دانلود کنید.

اعتیاد به موبایل در کودک

وقتی وابستگی یک کودک به موبایل از حد عادی فراتر برود و زندگی عادی او را تحت تأثیر قرار دهد، کم‌کم می‌توان علائم اعتیاد به موبایل را در او مشاهده کرد. بااینکه علائم فراوانی برای اعتیاد به اینترنت ذکر می‌شود هرگز نباید به فرزند خود برچسب معتاد بزنیم یا در مکالمات خود با دیگران فرزند خود را با این برچسب معرفی کنیم. برچسب‌زدن باعث می‌شود کودک بیشتر در

نقشی که برای او انتخاب کرده‌ایم فرو برود.

چند نمونه از نشانه‌های اعتیاد کودک به اینترنت را ذکر می‌کنم. بازهم تأکید می‌کنم کودکی که نشانه‌های زیر را دارد فقط نیازمند کمک ماست تا خود را دوباره بشناسد.

در یک میهمانی هستید و چند کودک دیگر تقریبا هم سن و سال آنجا حضور دارند؛ اما او به‌جای بازی با آنها فقط به بازی با موبایل می‌پردازد؛

ترجیح می‌دهد از آدم‌های اطرافش فاصله بگیرد و وقت خود را با موبایل بگذارند؛

زمانی که شارژ موبایل تمام می‌شود یا اینترنت ندارد عصبانی، غمگین یا بی‌قرار می‌شود؛

برای نصب بازی‌های جدید ولع زیادی دارد و دائما در حال نصب بازی است؛

به‌طورکلی بیشترین زمان خود را به بازی با موبایل اختصاص می‌دهد و موبایل را به هر تفریحی ترجیح می‌دهد.

همین حالا!

رفتارهای اصلی نشان‌دهنده اعتیاد به موبایل را در خودتان بررسی کنید. آیا شما به اینترنت و موبایل وابسته شده‌اید؟! فرزندتان چطور؟ لطفاً قسمت مناسب را علامت بزنید :

به نظر می‌رسد من به موبایل وابسته (شده‌ام / نیستم) و جالب اینجاست که فرزندم به موبایل وابسته (هست / نیست)!

فصل پنجم

مهارت‌هایی برای یادگرفتن والدین

اولین باری که تصمیم گرفتم فرزندم امیرعباس-که تقریبا شش سال داشت- را به استخر ببرم، شور و شوق زیادی در وجودش بود؛ اما از آن‌طرف من ترس زیادی داشتم. ترس از اتفاقاتی که ممکن است به دلیل آشنا نبودن با محیط استخر برای او رخ دهد. سعی کردم ترس خودم را از او پنهان کنم تا احساسات من روی او تأثیر نگذارد. آن زمان به این فکر کردم که شاید من هم دفعه اولی که به استخر رفته‌ام پدرم به‌شدت نگران سلامتی من بوده است؛ اما وقتی ماندن در آب و محافظت از خودم را یاد گرفته‌ام کم‌کم از نگرانی والدینم کم شده و الان به‌راحتی می‌توانم فرزند خودم را به استخر ببرم.

همان‌طور که به فرزندانمان شناکردن را می‌آموزیم و دیگر از رفتنشان به استخر نمی‌ترسیم، به آنها مهارت‌های حضور در فضای مجازی را بیاموزیم و لحظه به لحظه نگران آنها نباشیم. تا خودمان روش درست زندگی را بلد نباشیم نمی‌توانیم آن را به فرزندانمان بیاموزیم. راه غلبه بر هر هراسی، فهم و آگاهی است.

ناامیدی از تربیت فرزند

شما به‌عنوان یک پدر یا مادر، یا کسی که با کودکی در ارتباط نزدیک است او را بسیار دوست دارید. همیشه سعی می‌کنید بهترین برخورد و رفتار را با او داشته باشید؛ اما بعد از همه زحماتی که کشیده‌اید ناگهان رفتارهای عجیب او شما را ناراحت می‌کند! احساس ناامیدی می‌کنید و به این فکر می‌کنید که همه روش‌های تربیتی که به‌کاربرده‌اید بی‌نتیجه بوده است.

ایستگاه تفکر

تربیت فرزند مانند نگهداری و مراقبت از یک گیاه کوچک برای تبدیل‌شدن به یک درخت بزرگ میوه است. آیا با یک هفته آب دادن به یک نهال می‌توان از آن انتظار سایه‌انداختن و میوه آوردن داشت؟ آیا زردشدن برگ‌ها و دوباره روییدن آن‌ها جزئی از روند رشد درخت نیست؟!

کلید اصلی پیشرفت در تربیت فرزند، انگیزه و تلاش مستمر پدر و مادر است. احساس ناامیدی از تربیت فرزند یک احساس کاملا گذرا و موقتی است؛ اما همان لحظات کوتاه، سبب کاهش انگیزه والدین و اطرافیان از رفتار مناسب با او می‌شود.

یکی از ساده‌ترین دلایل رفتار عجیب کودکان از نظر ما، آن است که کودکان، موردتوجه بودن را دوست دارند و به روش‌های مختلفی این نیاز خود را برطرف می‌کنند. نه‌تنها کودکان بلکه همه انسان‌ها برای جلب‌توجه افراد دیگر و کسب جایگاه اجتماعی مناسب‌تر تلاش می‌کنند؛ بنابراین کاملا طبیعی است که بعضی وقت‌ها، درست در زمانی که ما انتظار رفتار خاصی از آنها داریم، دقیقا برعکس آن عمل کنند.

 افتادن در شکاف دیجیتالی!

یک روز که برای گردش به پارک رفته بودیم موبایلم را به فرزندم دادم تا از من عکس بگیرد. جالب بود که عکس را با استفاده از یک فیلتر رنگی خاص گرفت که تا آن زمان ندیده بودم. برای من جالب بود که چطور من که مدت‌هاست کار و زندگی من با این وسیله

گره‌خورده اطلاعی از ساده‌ترین امکانات داخل موبایل ندارم؛ اما فرزندم با چند بار استفاده، همه قسمت‌های آن را می‌شناسد. کودکان و نوجوانان به علت روحیه کنجکاوی زیادی که دارند معمولا فرصت امتحان کردن و شناختن دنیای اطرافشان را از دست نمی‌دهند. آنها سریع‌تر یاد می‌گیرند و سریع‌تر عمل می‌کنند. به همین دلیل است که بیشتر از والدینشان اشتباه می‌کنند؛ بنابراین طبیعی است که سریع‌تر از والدین خود به وسایل دیجیتال و رایانه تسلط پیدا کنند.

ایستگاه تفکر

شکاف دیجیتالی اصطلاحی است که به فاصله ایجادشده بین افرادی که به فناوری‌های نوین دسترسی دارند و آن‌ها که دسترسی ندارند گفته می‌شود. این فاصله یا شکاف، به علت سرعت رشد فناوری اطلاعات هرلحظه بیشتر و بیشتر می‌شود. مواظب شکاف دیجیتالی بین خود و فرزندانتان باشید.

شاید اگر اهمیت و میزان تأثیر فضای مجازی از طرف والدین بیشتر درک می‌شد، سعی خود را برای یادگیری مفاهیم کلی این فضا و روابط حاکم بر آن بیشتر می‌کردند. متأسفانه زیاد از پدرها و مادرها می‌شنوم که می‌گویند ما فرصت این کارها را نداریم یا از ما برای یادگرفتن گذشته است. درواقع اعتماد بیش‌ازحد به فرزندان برای اینکه خودشان بتوانند در فضای مجازی درست عمل کنند می‌تواند خیلی خطرناک باشد.

✍️ از فرزند خود یاد بگیرید

در جمعی که چند کودک و نوجوان نیز در آن حضور داشتند سخنرانی می‌کردم. ناگهان تصویر مربوط به لپ‌تاپ قطع شد. در وضعیتی که همه ساکت نشسته بودند یکی دو نفر از بچه‌ها در مورد علت قطع تصویر صحبت می‌کردند و قصد راهنمایی دادن به من را داشتند. بااینکه دلیل مشکل را می‌دانستم از آنها خواستم بیایند و موضوع را بررسی کنند.

کودکان و نوجوانان از یاددادن فناوری‌های جدید به دیگران لذت می‌برند. ممکن است فرزندان، بهتر از شما فضای مجازی را بشناسند

و در آن فعال باشند. سعی کنید که در مورد علائق فرزندانتان در فضای مجازی اطلاعات کسب کنید و در رابطه با نیازمندی‌های متناسب با سن او در فضای مجازی تحقیق کنید. یادتان باشد این کار، نیاز به جاسوسی و کنکاش در فعالیت‌های کودک ندارد. از آن‌ها بخواهید که به شما توضیح دهند که چگونه کارهای اینترنتی خود را انجام می‌دهند، چگونه بازی نصب می‌کنند یا دوست پیدا می‌کنند. آموزش امور مربوط به فنّاوری، برای کودکان دوست‌داشتنی است. این کار به آن‌ها، حس عجیب آموزش دادن را می‌دهد. وقتی از من (محمد منشی‌زاده) به‌عنوان یک مدرس دعوت می‌شود احساس مفید بودن و اثربخش‌بودن می‌کنم. بچه‌ها نیز دوست دارند که هنگامی‌که در مورد جذابیت یک بازی یا جست‌وجو در اینترنت و سرگرم‌کننده بودن آن حرف می‌زنند، پدر و مادرشان نیز متوجه آن باشند و آن‌ها و فضای مجازی را درک کنند.

همین حالا!

نحوه نصب یک بازی جدید را از فرزند خود بپرسید. ببینید او از چه روشی این کار را انجام می‌دهد. عجله نکنید و قصد تصحیح رفتار او را هم‌زمان با حرف زدن او نداشته باشید. البته باید خودتان این کار را بلد باشید.

در زمان پیامبر اسلام داستانی نقل‌شده است که امام حسن و امام حسین علیه‌السلام در زمانی که کودک بودند، پیرمردی را در حال اشتباه وضوگرفتن دیدند. آنها به‌جای اینکه مستقیما به او روش صحیح وضو گرفتن را یاد بدهند با درست کردن یک گفت‌وگوی ظاهری بین همدیگر، از پیرمرد خواستند بین آنها قضاوت کند. وقتی هرکدام وضو گرفتند آن شخص به‌اشتباه خود آگاه شد.

این داستان درسی برای همه کسانی است که می‌خواهند اشتباهی را اصلاح کنند و بیشتر از یک انسان عادی در جامعه اثرگذار باشند.

مانند یک آینه

کودکان آنچه را که می‌بینند یاد می‌گیرند نه آنچه را که می‌شنوند. کودکان تا سن شش‌سالگی بیشترین تأثیر را از دیدن رفتار اطرافیان خود می‌گیرند؛ بنابراین نصیحت کردن بچه‌ها در این سن چندان فایده‌ای ندارد.

این فیلم را نبین! دست به موبایل نزن! بازی نکن! غر نزن! و همه این حرف‌ها برای کودکان فقط یک دستور دادن خشک و بی‌معنی هستند. آنها چیزی از این دستور یاد نمی‌گیرند. تأثیر این دستور دادن‌ها هم کاملا موقت است؛ یعنی فقط برای لحظاتی یا حداکثر چند ساعت مؤثر هستند و باید دوباره به کودک موضوع را یادآوری کرد. به همین سادگی می‌توان یک کودک لجباز و یک پدر و مادر عصبانی و خسته تولید کرد.

چطور آینه باشیم؟

وقتی من در حال غذاخوردن یا صحبت کردن با فرزندم هستم هیچ پیامی را پاسخ نمی‌دهم . حتی پاسخ تلفنم را هم نمی‌دهم . با این

کار سعی می کنم نشان دهم رابطه من با او بیش از همه چیز دیگر ارزشمند است . باید تلاش کنید در حضور فرزند خود کمترین استفاده از رایانه یا موبایل خود داشته باشید . چون او هم به راحتی از رفتار شما الگو می پذیرد و این کار را تکرار خواهد کرد . اگر برای استفاده از ابزارهای دیجیتال خود برنامه داشته باشید او هم راحت تر وجود قانون و مقررات را خواهد پذیرفت .

بازی کنید

بازی زبان صحبت با کودکان است. نه‌تنها کودکان بلکه تقریبا اکثر افراد هنگام بازی مفاهیم را بهتر یاد می‌گیرند. دلیل آن نحوه عملکرد مغز و پاداش گرفتن مغز هنگام بازی‌کردن با دیگران است.

همین حالا!

جهت اطلاعات بیشتر در مورد نحوه تأثیر بازی روی مغز افراد می‌توانید به مقاله آموزشی آن در سایت فرزند سبز مراجعه کنید

۳ بازی برای تقویت گوش دادن

باید شنیدن فعال و هوشمندانه را به فرزند خود بیاموزیم؛ یعنی شنیدن و بعد فهمیدن آنچه در اطراف ما اتفاق می‌افتد و بیشتر اوقات نسبت به آن بی‌تفاوت هستیم. شما می‌توانید با انجام دادن چند بازی ساده هم فضایی شاد در خانه داشته باشید و هم به فرزندتان کمک کنید در فضای مجازی، حواس پنج‌گانه‌اش را به دست موبایل یا رایانه نسپارد.

بازی ۱: صداها را نقاشی کنید

چند برگه کاغذ به همراه مدادرنگی یا ماژیک، تمام چیزی است که شما به آن نیاز دارید. سعی کنید این بازی را در جایی انجام دهید که صداهای زیادی به گوش برسد. نگران نباشید. در خانه هم می‌توان این بازی را انجام داد. کافی است کمی خلاقیت به خرج دهیم.

به فرزند خود بگویید که خوب به تمام صداهایی که می‌شنود گوش کند. بعد شکل آنها را نقاشی کند. مثلا صدای ساعت، پنکه و

تلویزیون را از بین بقیه صداها تشخیص بدهد و یک تصویر ساده از این وسایل بکشد.

بازی ۲: داستان خوانی به روش سؤال

باید خواندن کتاب قصه را برای کودک، تبدیل به یک ابزار خوب برای گوش‌دادن و توجه کنیم. هنگام خواندن داستان می‌توانیم توقف کنیم و از کودک سؤال‌هایی درباره آن داستان بپرسیم؛ مثلا به نظرت بعدش چی می‌شه؟ فکر می‌کنی آخر قصه چه اتفاقی می‌افته؟ یا از این سؤال‌ها. این کار به افزایش مهارت تفکر کودک هم کمک می‌کند. البته یادتان باشد که وقتی کودک هشیار و سرحال است از این روش استفاده کنید.

بازی ۳: شعرهای ناتمام

سعی کنید یک شعر یا یک جمله که کلمات آهنگین در آنها تکرار می‌شوند را بخوانید و منتظر شوید تا کودک شما آن کلمه قافیه‌دار را حدس بزند. البته اگر نتوانست ایرادی ندارد. کم‌کم بازی را یاد می‌گیرد. یادتان نرود این یک بازی است. بخندید و لذت ببرید.

یه توپ دارم ... سرخ و سفید و ...

می‌زنم زمین... نمی‌دونی تا...

من این توپ رو... مشقام رو خوب ...

همین حالا!

قول دهید که یکی از این بازی‌ها را همین امروز با فرزند خود انجام دهید. منتظر یک فرصت فوق‌العاده نباشید. فقط کافی است به آنها بگویید یک بازی جدید!

☞ جایزه، رشوه نیست!

برای اصلاح یک رفتار نادرست یا تقویت یک عادت خوب، تشویق کردن کارایی بسیار بیشتری نسبت به تنبیه دارد. برای من بسیار جالب است که بسیاری از والدین، در مقابل هر رفتار اشتباهی از فرزند خود واکنش شدید نشان می‌دهند؛ اما وقتی از آنها بپرسید آیا برای حذف این رفتار او را تشویق کرده‌اند تعجب می‌کنند. در فرهنگ جامعه ما، تشویق باید برای انجام‌دادن کار خوب باشد و تنبیه برای کار بد؛ درصورتی‌که قدرت شیرینی تشویق از تلخی تنبیه بیشتر است.

💡 ایستگاه تفکر

نگرانی بعضی از خانواده‌ها این است که اگر در برابر انجام ندادن یک خطا فرزندمان را تشویق کنیم او همیشه منتظر پاداش خواهد بود و برای همین دور تشویق را خط کشیده‌اند! آیا شما هم این‌گونه فکر می‌کنید؟

وقتی با بعضی از والدین صحبت می‌کنم متوجه می‌شوم درواقع آنها به فرزندان خود رشوه می‌دهند! یعنی مثلا از او می‌خواهند کاری را انجام ندهد و وقتی او توجهی به حرف والدینش نمی‌کند با دادن چیزی که دلخواه او هست او را وادار به اطاعت از خواسته خود می‌کنند. این یعنی رشوه‌دادن و در هر فرهنگ و آیین و مکانی، رشوه دادن تأثیری ندارد.

اگر می‌خواهید تغییری در رفتار فرزند شما ایجاد شود، باید بعد از انجام خواسته شما به او پاداش دهید. جایزه بعد از یک رویداد است و رشوه قبل از آن برای راضی کردن! اگر اشتباه اکثر خانواده‌ها را تکرار کنید فرزند شما به دادن رشوه عادت می‌کند و تا رشوه نگیرد کاری را انجام نمی‌دهد.

💡 ایستگاه تفکر

یک‌شب کنار پسرم نشستم و با او شرط گذاشتم اگر شش روز بتواند قانون تماشای تلویزیون را که باهم گذاشته‌ایم رعایت کند جمعه به پارک دلخواهش خواهیم رفت. به نظر شما اگر برای راضی کردن او به رعایت قانون داخلی خانه، همان شب او را به پارک برده بودم امیدی به رعایت آن بود؟

یادتان باشد جایزه باید با فعالیت فرزند شما متناسب باشد. مثلا وقتی در یک میهمانی، فرزند شما با بچه‌های دیگر دعوا نمی‌کند یا به دیگر بچه‌ها کمک می‌کند، خریدن یک اسباب‌بازی بزرگ درست نیست. در این موقعیت، شاید بردن او به پارک یا خریدن یک بستنی در راه برگشت، جایزه مناسب‌تری به نظر می‌رسد. البته باید دقت کنید خود جایزه‌ها هم باعث دردسر جدید نشوند.

اگر کار به تنبیه کشید

شاید شما هم با من هم‌عقیده باشید که تنبیه همیشه آخرین راه است. افرادی هستند که تا اسم تنبیه می‌آید به اولین چیزی که فکر می‌کنند کتک زدن یا زندانی کردن کودک است! و به همین دلیل از این کلمه متنفر هستند. البته این طرز فکر بیشتر به دلیل آن است که آنها در مورد روش درست تنبیه هیچ مطالعه‌ای نکرده‌اند.

من در مشاوره‌هایی که داشته‌ام به‌وضوح دیده‌ام که خیلی از کارهایی که والدین یا حتی معلمان انجام می‌دهند و آن را به‌حساب تربیت یا تنبیه می‌گذارند در دسته خشونت قرار می‌گیرند. آنها به‌راحتی با کلمات ساده خود، مانند «تو همیشه این‌جوری هستی» یا «این‌طوری به هیچ جا نمی‌رسی» و یا «دفعه بعد مثل آدم رفتار کن» عزت‌نفس فرزند خود را نابود می‌کنند.

خشونت جسمی و جنسی در بین کودکان، کاملا مشهود و قابل‌پیگیری است؛ اما خشونت عاطفی و غفلت از آنها، دو مورد از خشونت‌های معمول در خانواده‌هاست که عادی به نظر می‌رسد. داشتن انتظارات

نامتناسب با سن و رشد عقلی کودک از او و یا گذاشتن قوانین غیرقابل اجرا یا بی‌توجهی به وضعیت کودک به‌هیچ‌وجه با تنبیه کردن نسبتی ندارد.

فصل ششم

مهارت‌هایی برای حضور در فضای مجازی

تربیت یک انسان، محدود به چند رفتار خاص یا محدود نیست. ما در زندگی به یادگیری مهارت‌های زیادی نیاز داریم. بعضی از آنها را از خانواده خود می‌آموزیم و بعضی را از جامعه. وقتی به سطحی از یادگیری برسیم متوجه مهارت‌های دیگری می‌شویم که خودمان باید یاد بگیریم.

فرزند ما برای زندگی در فضای مجازی نیاز به یادگرفتن مهارت‌هایی دارد که باید آنها را از پدر و مادر و اطرافیان نزدیک خود بیاموزد. معمولا با پدرها و مادرها که صحبت می‌کنم از این گلایه دارند که نمی‌دانند چگونه باید آنچه می‌دانند به فرزندان خود انتقال بدهند. از طرفی مهارت‌هایی نیز وجود دارند که فرزند ما در کنار حضور در فضای مجازی می‌تواند یاد بگیرد.

 فضای مجازی، ابزاری برای رشد

مثال چاقوی دو لبه، بهترین توصیف برای فنّاوری‌های جدید در عصر حاضر است. اصلا هر وسیله‌ای یک چاقوی دو لبه است؛ خودرو، رایانه یا حتی کتاب! باید مراقب لبه برنده و خطرناک آن

باشیم چراکه اگر دانش کافی درباره روش استفاده از هر چیزی را بلد نباشیم، ممکن است به خودمان و دیگران آسیب برسانیم؛ اما از آن‌طرف اگر راهنمای زندگی در فضای مجازی را بلد باشیم و به فرزندان خود یاد دهیم؛ می‌توانیم از آن برای رشد فرزند خود بهره ببریم.

 تقویت مهارت‌های ذهنی از طریق بازی‌های کامپیوتری

جذابیت بازی‌های کامپیوتری آن‌قدر زیاد است که از کودک تا افراد مسن به آن علاقه‌مند می‌شوند. نداشتن تحرک هنگام بازی هم یکی از دلایلی است که بعضی از کودکان و بسیاری از بزرگسالان را به سمت خود می‌کشد؛ اما درعین‌حال بازی‌های رایانه‌ای می‌توانند نقش خوبی در تقویت مهارت‌های ذهنی او ایفا کنند. هنگام بازی از فرزند خود فاصله نگیرید؛ مانند یک تماشاچی پرشور به او و بازی‌کردن او نگاه کنید. این موضوع خیلی مهم است که شما بتوانید ارتباطی بین اتفاقات و صحنه‌های بازی و زندگی روزمره او پیدا کنید.

مثلا می‌توانید باهم تعداد ماشین‌های موجود در یک مسابقه اتومبیل‌رانی را که او پشت سر می‌گذارد بشمارید. شما می‌توانید از او نحوه پرواز یک پرنده خشمگین در بازی را بپرسید و آن را با آنچه در واقعیت اتفاق می‌افتد، به زبانی ساده مقایسه کنید. مهم آن است که بازی نتواند فرزند شما را در خودش غرق کند. البته مراقب تمرکز کودک خود هم باشید.

 استفاده از رسانه‌ها برای تقویت هوش اجتماعی

به زبان ساده، هوش اجتماعی یا میان فردی یعنی افراد بتوانند دیگران را درک کنند. کودکان از دنیای اطرافشان و وسعت و بزرگی آن تصوری ندارند. کم‌کم با رشد کردن و قرارگرفتن در محیط‌های اجتماعی مثل مهدکودک و سپس مدرسه، تصورات کودک از دنیا تغییر می‌کند. او متوجه می‌شود دنیا در پدر و مادر و خاله و عمو خلاصه نمی‌شود و او محور عالم و مرکز توجه همه افراد نیست. البته خیلی از بزرگسالان نیز تصوراتی این‌گونه دارند. کودکان با تقویت هوش اجتماعی می‌فهمند آدم‌ها اخلاق و رفتار متفاوتی دارند و البته شاید آن احساسی را که دارند نشان ندهند.

طبق گفت‌وگوهایم با بسیاری از کودکان متوجه شده‌ام که صداقت و پاکی کودکان، مانع جدی برای درک این مطلب است. این مهارت باید به شکلی آموزش داده شود که آدم‌ها به خوب و بد تقسیم نشوند.

 همین حالا!

نقش‌های کارتونی محبوب کودکتان را با او بررسی کنید. مثلاً در مورد ویژگی‌های خوب و هم ویژگی‌های بد موش و گربه صحبت کنید. سعی کنید به این نتیجه برسید که هیچ‌چیز به‌صورت مطلق خوب یا بد نیست.

کودکان این مهارت را باید از پدر و مادر خود یاد بگیرند تا در آینده بتوانند مهارت‌های اجتماعی و قدرت همدلی با دیگران را بیاموزند. آنها کم‌کم می‌توانند دنیا را از دید کودکان هم سن خود یا از دید والدین خود ببینند.

شما هم می‌توانید از اتفاقات روزمره در زندگی، برای یاددادن مفاهیم سخت و مشکل استفاده کنید. نباید زندگی را تبدیل به یک

کلاس درس جدی کنید. گستردگی فضای مجازی و تنوع موجود در آن می‌تواند یک فرصت بسیار خوب برای آموزش هوش میان فردی کودک شما باشد.

در یک میهمانی بودیم که فرزندم گفت برای میهمان‌ها یک انیمیشن جذاب بگذاریم تا ببینند. خانواده ما عاشق این انیمیشن بود و تاکنون ده‌ها بار آن را دیده بودیم؛ اما وقتی پسرم آن فیلم را پخش کرد هیچ‌یک از بچه‌های هم‌سن او علاقه‌ای به دیدن آن نشان ندادند. او ناراحت و شاکی از این بود که چرا نباید دیگران هم مثل او علاقه‌مند به این فیلم عالی باشند.

 همین حالا!

در مورد نحوه استفاده از فضای مجازی و تلویزیون برای تقویت هوش اجتماعی کودک خود فکر کنید. از او بپرسید آیا همه افراد باید یک بازی را دوست داشته باشند؟ آیا همه بازی‌ها برای ما ساخته‌شده‌اند؟ چرا بعضی اطلاعات غلط و نادرست در اینترنت وجود دارد؟

بسیار مهم است که کودکان، تفاوت‌های بین انسان‌ها را درک

کنند. چرا بعضی آدم‌ها دزدی می‌کنند؟ چرا بعضی آدم‌ها بیشتر از بقیه تلاش می‌کنند؟ چرا بعضی افراد، ثروت کمتری دارند؟ شاید شما جواب همه چراهای فرزندتان را نداشته باشید؛ اما درواقع این سؤالات مقدس هستند. این سؤالات یعنی فرزند شما به این فکر می‌کند تفاوت‌ها از ما انسان برتری نمی‌سازد فقط انسان متفاوتی درست می‌کند.

⊟ ۳ تمرین برای تقویت هوش اجتماعی

⊟ وقتی شخصیت مثبت یا حتی منفی فیلم کاری را انجام می‌دهد با فرزند خود در مورد دلایل انجام آن کار صحبت کنید. همدلی کردن با کسی که ضرر کرده و درس‌گرفتن از کسی که با یک تصمیم ناگهانی و خودخواهانه باعث آزار عده‌ای شده است می‌تواند هوش اجتماعی او را تقویت کند.

هنگام دیدن فیلم با فرزندتان به او بگویید که اگر جای فلان شخصیت فیلم بود چه می‌کرد. نظر او را در مورد آنچه در ذهنش درباره یک شخص می‌گذرد بپرسید. بیان احساسات کودک به او کمک می‌کند تا بیشتر متوجه احساسش باشد.

در نقش یک مصاحبه‌کننده ظاهر شوید و در مورد اتفاقات پیش‌آمده یک مصاحبه واقعی با دوربین ضبط کنید. فیلم ضبط شده را تماشا کنید و سپس جای خود را با فرزندتان عوض کنید. همسر شما می‌تواند نقش فیلم‌بردار را بازی کند.

تقویت هوش کلامی

راحت‌ترین تعریفی که برای هوش کلامی دارم این است: هنر خوب گوش‌دادن، خوب فکر کردن و خوب حرف‌زدن. ما از کودکی می‌آموزیم که هر کلمه‌ای چه معنا و مفهومی دارد و هرچه دایره واژگان بزرگ‌تری داشته باشیم راحت‌تر حرف‌های دیگران

را متوجه می‌شویم. فرزند ما هنگام ورود به مدرسه باید هنر خوب گوش‌دادن را فراگرفته باشد. بعد باید بتواند در ذهنش درست استدلال کند و سپس درست پاسخ بدهد. همه این مهارت‌ها ما را برای تقویت هوش کلامی تشویق می‌کند.

 همین حالا!

خبری را که حداقل یک دقیقه برای توضیح آن زمان لازم است برای فرزندتان تعریف کنید. سپس از او بخواهید این خبر را دقیقاً به یکی از اطرافیان انتقال دهد. این کار به تقویت هوش کلامی کودک کمک زیادی می‌کند.

وقتی کودکی به علت کم‌حوصلگی یا وقت کم والدین، خودش را با موبایل یا تبلت مشغول می‌کند حرف‌زدن را فراموش می‌کند! البته اگر خانه هم پراسترس باشد کودک یا نوجوان برای دور ماندن از فضای پرتنش بین والدین ترجیح می‌دهند از آن فضا دور باشند و به فضای مجازی پناه ببرند. حرف‌زدن در گفت‌وگوهای تلگرامی و اینستاگرامی هیچ شباهتی به حرف‌زدن واقعی ندارد؛ چون زمانی

هوش کلامی تقویت می‌شود که مستقیما با کسی صحبت کنید و زمانی برای تصحیح کلمات و عوض کردن آنها نداشته باشید.

 مهارت «نه» گفتن

بزرگی می‌گوید بدبختی تنها یک‌راه دارد و راه آن، تلاش برای راضی کردن همه است! ما در زندگی نباید به دنبال آن باشیم که همه را از خودمان راضی نگه‌داریم بلکه باید تصمیم بگیریم و نتایج تصمیمات آگاهانه خود را بپذیریم؛ بنابراین اگر می‌خواهیم فرزندمان در فضای مجازی قربانی خواسته‌های دیگران نشود باید از همین امروز مهارت نه گفتن را به او بیاموزیم.

کودک هم‌زمان با کسب مهارت نه شنیدن، مهارت نه گفتن را هم یاد می‌گیرد. بنابراین باید مراقب زمان و شرایطی که کلمه را به زبان می‌آوریم باشیم. اگر دائم در حال نه گفتن به خواسته‌های فرزندمان باشیم به‌جای اینکه این مهارت را درست یاد بگیرد برایش عادی می‌شود.

کودکان می‌توانند مهارت نه گفتن را از شما بیاموزند؛ اما نباید نه

گفتن شما به خاطر قدرت پدر یا مادر بودن شما باشد. بلکه باید او بداند که هنگام تصمیم‌گیری، باید از قدرت فکر و تحلیل خود استفاده کند.

هنگام نه گفتن به فرزندتان باید دلیل آن را به‌طور واضح هم توضیح دهید؛ مثلا به او بگویید اجازه بازی با موبایل را نداری چون امروز از مقداری که با هم مشخص کرده بودیم بیشتر بازی کرده‌ای و بیش از این اندازه برای تو ضرر دارد. جملات باید کاملا ساده و قابل‌فهم و مناسب سن فرزند شما باشند.

 مهارت کار با رایانه

با توجه به تجربیاتم می‌توانم به‌جرئت بگویم اکثر کودکان قبل از سن مدرسه، کار با کامپیوتر را در خانه تجربه می‌کنند. جذابیت صفحه‌ای نورانی و لبریز از میلیون‌ها رنگ متنوع، به‌اندازه‌ای است که می‌خواهند هر چه سریع‌تر کار با آن را یاد بگیرند. منطق ریاضی رایانه، به کودک این موضوع را نشان می‌دهد که هر کاری روش و قانونی دارد و اگر آن کار درست را انجام ندهد نتیجه درستی

نخواهد گرفت. استفاده از رایانه، به کودک منطق نظم و قانون را می‌آموزد و او متوجه می‌شود هر خطایی پیش بیاید ناشی از اشتباه خود اوست.

در سال‌های قبل از هفت‌سالگی بهتر است رایانه شما به اینترنت متصل نباشد. او می‌تواند کار با ماوس و صفحه‌کلید را یاد بگیرد. نقاشی کند یا بازی‌های بدون تنش و خشونت را انجام دهد. سعی کنید حتما حساب کاربری مخصوص فرزند خود روی رایانه داشته باشید تا بتوان روی آن محدودیت‌های لازم را اعمال کرد. تصاویر شخصی یا اطلاعات مهم روی رایانه نداشته باشید تا نگران پاک‌شدن آنها نباشید. روش‌های زیادی برای برگرداندن سیستم‌عامل ویندوز بعد از خراب‌شدن وجود دارد که می‌توانید با استفاده از آنها خیالتان از خراب‌شدن نرم‌افزاری رایانه راحت باشد.

 همین حالا!

می‌توانید به سایت فرزند سبز مراجعه کرده و در کلاس‌های ویژه آموزش رایانه ثبت‌نام کنید. در این کلاس‌ها با تنظیمات مخصوص رایانه فرزندتان آشنا می‌شوید.

مهارت مدیریت زمان

احساس و مفهوم زمان برای کودکان بسیار متفاوت با درکی است که ما از زمان داریم. وقتی به پسرم قول می‌دهم که او را جمعه به پارک می‌برم ده‌ها بار از من نام روزها را می‌پرسد تا بداند چرا به جمعه نمی‌رسیم. وقتی به او می‌گویم نیم ساعت می‌توانی تلویزیون تماشا کنی هیچ‌وقت آن نیم ساعت تمام نمی‌شود! به نظر شما علت چیست؟

همه‌چیز به نسبت زمان و عمر ما برمی‌گردد. مثلا وقتی در مورد یک هفته صحبت می‌کنیم منظور ما هفت روز از ۳۰ یا ۴۰ سال عمر است؛ اما مفهوم آن برای یک کودک یعنی هفت روز از هفت سال! وقتی بدانیم تفاوت‌های ما و فرزندمان چقدر طبیعی است و چرا حوصله و صبر ما را ندارند کمتر به خاطر آن‌ها ناراحت می‌شویم.

برای یک کودک زیر سه سال بهتر است از زمان‌های مشخص برای تعیین زمان بقیه فعالیت‌ها استفاده کنیم. مثلا بگویید قبل از خواب مسواک می‌زنیم یا بعد از ناهار تلویزیون تماشا می‌کنیم. با رشد کودک می‌توان از جملاتی مانند فردا و دیروز استفاده کرد.

به‌مرور مفهوم تاریخ تولد یا نوروز برای فرزند شما آشکار می‌شود؛ بنابراین باید در هنگام آموزش مهارت مدیریت زمان به فرزند خود به‌خصوص هنگامی‌که سرگرم بازی یا تماشای تلویزیون است صبور باشیم.

 استفاده امن از فضای مجازی

هر مادری وقتی فرزندش از خانه بیرون می‌رود تا وقتی‌که برمی‌گردد نگران اوست. این نگرانی نه‌فقط برای دوران کودکی که حتی گاهی تا ازدواج فرزند هم ادامه پیدا می‌کند. همیشه نگرانی برای امنیت، دغدغه انسان‌ها بوده است. اگر شما هم نگران امنیت فرزند خود در فضای مجازی هستید، کاملا طبیعی است.

فضای مجازی دنیای ناشناخته‌هاست. اگر در دنیای حقیقی می‌دانیم که هر ساختمانی کجاست و چه کسی همسایه ماست؛ در فضای مجازی هر ثانیه ممکن است محتوای یک سایت تغییر کند یا پس از جست‌وجو در گوگل یک نتیجه جدید در صفحه اول قرار گیرد. در این فضا می‌توان با بی‌نهایت هویت حضور داشت؛ اما حرفه‌ای‌ها

می‌توانند جوری عمل کنند که هیچ ردپایی از خود به‌جا نگذارند. کودک شما هنگام رشد، به دنبال پیداکردن استقلال است. وقتی سعی می‌کند برای خودش تبلت یا موبایل شخصی داشته باشد یا زمانی که هنگام بازی با موبایل شما پیامک می‌فرستد درواقع سعی می‌کند به استقلال برسد. کم‌کم از شما فاصله می‌گیرد و بیشتر به شناخت جامعه و اطرافش می‌پردازد. کودک شما بی‌معرفت نشده است! او فقط در حال رشد است.

به او کمک کنید که در این مسیر کمترین آسیب را ببیند. او را از آنچه ممکن است تهدید کند آگاه کنید ولی او را نترسانید. به او بگویید همان‌طور که ما در خانه را به روی افراد غریبه باز نمی‌کنیم و به داخل خانه افراد غریبه نمی‌رویم نباید هر برنامه‌ای را نصب کنیم یا وارد هر سایتی شویم. همان‌طور که بعضی افراد در خیابان ممکن است با سرعت زیاد رانندگی کنند و برای دیگران دردسر درست کنند در فضای مجازی هم، چنین افرادی وجود دارند.

همین حالا!

از امروز تلاش کنید مثال زدن را چاشنی روش تربیت فرزند خود کنید. برای آن‌ها مثال‌هایی بزنید که خوب آن‌ها را لمس کرده‌اند یا می‌توانند آن‌ها را ببینند. این روش معجزه می‌کند!

 فیلترینگ ! خوب یا بد

حتما یادتان می‌آید که اوایل کتاب در مورد یک قصر و تالارهای پر از غذایش صحبت کردیم. در فضای مجازی هر کسی که دلش بخواهد می‌تواند هر محتوایی که دلش می‌خواهد تولید کند و در دسترس همه قرار دهد! دقیقا به همین سادگی و به همین خوش‌مزگی. کشورهای مختلف برای جلوگیری از نمایش سایت‌ها و محتواهای ناسالم از فیلترینگ استفاده می‌کنند؛ یعنی با استفاده از سخت‌افزارها و نرم‌افزارهای پیشرفته و هوشمند، جلوی ورود اطلاعات به داخل کشور را می‌گیرند. البته ممکن است در این فیلترینگ اشتباهاتی هم وجود داشته باشد و سایت‌های مناسب از نظر مردم نیز قربانی

شوند.

در حقیقت فیلترینگ اصلی باید از خانواده‌ها شروع شود. والدین می‌توانند با تنظیمات ساده‌ای دسترسی فرزند خود به بعضی سایت‌ها را کنترل کنند. بسیاری از مودم‌های اینترنت قابلیت تنظیم زمان اتصال کاربران و تعریف سایت‌ها و محتواهای مجاز را دارند. نرم‌افزارهای زیادی برای ذخیره سایت‌های مشاهده‌شده وجود دارند که می‌توان از آنها استفاده کرد؛ اما باید مهارت خودکنترلی را در فرزند خود تقویت کنید.

💡 **ایستگاه تفکر**

وقتی یک ظرف شیرینی به شما تعارف می‌کنند و شما می‌دانید که خوردن شیرینی باعث اضافه‌وزن شما می‌شود و درعین‌حال شیرینی را نمی‌خورید به این معنی است که دارای مهارت خودکنترلی هستید. داشتن این مهارت در تمام لحظات زندگی به فرزند شما برای گرفتن تصمیمات منطقی و عاقلانه کمک خواهد کرد. در مورد آن می‌توانید کمی در اینترنت جست‌وجو کنید.

تجربه انگلستان

در انگلستان شرکت‌های ارائه‌دهنده اینترنت باید قوانین فیلترینگ دولت را اجرا کنند. در انگلستان دو سطح فیلترینگ کلی و فیلترینگ کودکان وجود دارد. در سطح اول، محتوای نژادپرستانه و جنسی و چند آیتم کلی دیگر برای همه مشترکین فیلتر می‌شود. سطح دوم فیلترینگ برای کتابخانه‌های مخصوص کودکان و مدارس اعمال می‌شود. خانواده‌ها نیز می‌توانند درخواست اعمال این سطح از فیلترینگ را برای منازل داشته باشند. این فیلترینگ، قابلیت اجرا روی موبایل کودک را هم دارد. نکته جالب درخواست خود خانواده‌ها برای تنظیم این فیلترینگ است.

فیلترینگ در ایران

من هم با شما هم‌عقیده هستم که بسیاری از سایت‌های مفید علمی و فرهنگی که خدمات آنها از نظر ما مشکلی ندارد فیلتر شده است. مشکل از آنجا شروع می‌شود که استفاده از فیلترشکن آن‌قدر عادی

شده است که تقریبا در هر خانواده‌ای یک نفر فیلترشکن دارد. وقتی فیلترشکن فعال شد همه محدودیت‌ها از بین می‌رود و همه اینترنت با تمام محتوای خوب و بدش میهمان‌خانه‌ها می‌شود.

💡 ایستگاه تفکر

آیا روی رایانه یا موبایل خود فیلترشکن دارید؟ آیا زمان مراجعه به سایت‌های مفید فیلتر شده، با مطالب غیرمجاز به‌صورت ناخواسته روبه‌رو شده‌اید؟ قدرت کنجکاوی فرزندان خود را اصلاً دست‌کم نگیرید.

باید از مسئولان فضای مجازی کشور، از فیلتر خارج شدن سایت‌ها و نرم‌افزارهای مفید را مطالبه کرد. در این صورت استفاده از فیلترشکن فقط محدود به افرادی می‌شود که هدف آنها قانون‌شکنی است و می‌توان راحت‌تر با آنها برخورد کرد. البته در فیلترشدن یک سایت عوامل زیادی مؤثر هستند که خارج از بحث این کتاب است. نحوه فیلترینگ به شکل فعلی، بیشتر فضای مجازی را برای کودکان ناامن کرده است.

آیا محدودکردن جواب نمی‌دهد؟

محققان بر این باور هستند که محدود کردن افراطی نوجوانان در استفاده از اینترنت، بیشتر یادگیری مهارت‌های دیجیتال آنها را مختل کرده و آنها را دچار نوعی سرخوردگی می‌کند. یادگرفتن هر مهارتی، نیازمند تجربه‌کردن آن مهارت است. بهتر است به‌جای محدودکردن، اجازه اشتباهات کوچک را در فضایی امن به فرزندمان بدهیم. در این صورت آنها خودشان، روش دوری از اشتباهات بزرگ‌تر را یاد می‌گیرند.

ایستگاه تفکر

آیا شما برای یادگرفتن کار با رایانه یا موبایل اشتباهاتی نکرده‌اید که به حذف اطلاعات مهم یا منتشر شدن اطلاعات شخصی شما منجر شده باشد؟ هرچه بیشتر اشتباه کنیم بیشتر یاد می‌گیریم. به فرزند خود فرصت اشتباهات کوچک بدهید.

☞ اول جایگزین

روزی پسرم در حال بازی با موبایل بود که به او گفتم ۱۰ دقیقه از زمان مجاز بازی مانده است؛ اما من پیشنهاد می‌کنم برویم و باهم فوتبال بازی کنیم. برنده می‌تواند شام امشب را انتخاب کند. به این شکل او از همان زمان مجازش هم دست کشید و به فعالیتی پرداخت که مورد انتظار من بود. البته شام را پسرم انتخاب کرد! جایگزین شما باید به جذابیت موبایل باشد. اگر قرار است کتاب جایگزین موبایل شود به آن فکر کنید که چگونه می‌توان یک کتاب خواندن را آن‌قدر هیجان‌انگیز کرد که فکر کودک به سمت موبایل هم نرود. مثلا اجرای یک نمایش از داستان کتاب. کودکان عاشق مسابقه هستند مخصوصا وقتی شانسی برای برنده‌شدن داشته باشند. من بازی فوتبال با پسرم را ۹ به ۱۰ باختم.

همین حالا!

فهرستی از همه تفریحات و سرگرمی‌هایی که می‌تواند جایگزین زمان سرگرمی فرزند شما با موبایل شود تهیه کنید. در فهرست من بیش از ۳۰ مورد وجود دارد. نوبت شماست:

_____

_____

_____

فصل هفتم

چگونه به کودکان درست
فکر کردن را بیاموزیم؟

یکی از بهترین راه‌ها برای اینکه فکر یک کودک را بعد از تماشای یک فیلم یا نمایش یا هر اتفاقی فعال کنیم این است که نظر او را در مورد آن بپرسیم. این کار باعث می‌شود تا فرزند شما مانند افراد هیپنوتیزم شده چشم به صفحه تلویزیون و حوادث اطرافش ندوزد.

 همین حالا!

وقتی فرزند شما یک کارتون یا فیلم را تماشا کرد از او نظرش را در مورد آن بپرسید. بگویید چه نتیجه‌ای از آن گرفته است. شما باید فارغ از هر جواب مناسب یا اشتباهی که می‌دهد، فکر کردن او را تحسین کنید.

یک نکته بسیار ظریف در پرسیدن نظر کودک وجود دارد که باید به آن توجه کنید. اگر از کودک بپرسید این فیلم چه چیزی می‌خواهد به ما بگوید یا نتیجه این فیلم چیست او را تشویق می‌کنید که ذهن شما را بخواند و از روی آن کپی کند. چون در این صورت است که شما خوشحال می‌شوید؛ اما اگر نظر شخصی او را در مورد

فیلم بپرسید به او نشان داده‌اید که هرکسی می‌تواند از هر واقعه‌ای برداشتی داشته باشد. این کار نه‌تنها تفکر خلاق کودک را تقویت می‌کند بلکه او از کودکی متوجه می‌شود این تفکر قابل‌احترام است و ادراک و فهم انسان‌ها از یک موضوع می‌تواند کاملا متفاوت باشد.

 همین حالا!

می‌توانید با مراجعه به سایت فرزند سبز محصول آموزشی ادراک، کلید جادویی ارتباط را با تخفیف ویژه دریافت کنید.

بااین‌وجود، بازهم منتظر پاسخ‌های سؤال مانند باشید؛ مثلا پاسخی مانند این: «یعنی باید درخت‌ها را دوست داشته باشیم؟». این نشان می‌دهد کودک منتظر تائید ماست. به او نشان دهید که نظر شما می‌تواند درست یا غلط باشد و فقط باید بهتر و آگاه‌تر یک فیلم را ببینیم. البته مواظب زیاده‌روی در سؤال پرسیدن باشید. کودکان سؤال پرسیدن را خیلی دوست دارند؛ فقط وقتی خودشان پرسش‌کننده باشند!

مهارت تفکر انتقادی

ما هر روز تعداد زیادی پیام از طریق شبکه‌های اجتماعی دریافت می‌کنیم. شاید بعضی از آن‌ها آن‌قدر جذاب باشند که ما نیز بعضی از آن‌ها را برای دیگران بفرستیم؛ اما هنگام ارسال یک پیام چقدر به‌درستی و صحت آن فکر می‌کنیم؟ آیا تاکنون با خبری که بعدا تکذیب شده باشد یا مطلبی که پایه و اساس علمی نداشته باشد مواجه شده‌اید؟

تفکر انتقادی یک مهارت است که به ما می‌آموزد هر چیزی را به‌آسانی باور نکنیم. آموزش این مهارت، نیازمند پرسش و پاسخ با کودک درباره دنیایی است که در برابر او قرار دارد. فضای مجازی دنیای ناشناخته‌هاست.

تفکر انتقادی یعنی توانایی فکر کردن عمیق درباره یک موضوع یا پیام. تفکر انتقادی یک‌شبه ساخته نمی‌شود بلکه از راه حرف زدن و به اشتراک گذاشتن تجربیات پرورش پیدا می‌کند.

آموختن این شکل از تفکر، نه‌فقط برای والدین و معلمان، بلکه برای تمام انسان‌ها خیلی مهم است. مغز انسان علاقه زیادی به

حفظ حالت موجود دارد و فکر کردن در مورد چیزهایی که عادت کرده‌ایم به‌سادگی باور کنیم، برای مغز کاری دشوار است. انتقال این مفهوم به کودکان و نوجوانان با روش مستقیم تقریبا غیرممکن است؛ اما کودکان زبان یادگیری مخصوص خودشان را دارند.

🖊 همین حالا!

می‌توانید در کارگاه آموزشی تفکر انتقادی در سایت فرزند سبز ثبت‌نام کنید. تفکر انتقادی ربطی به منتقد شدن ندارد. فقط از شما فردی متفکر می‌سازد.

✍ تقویت تفکر انتقادی کودکان

به نظر شما این عالی نیست که بشود تفکر نقادانه را از طریق دیدن کارتون و انیمیشن به بچه‌ها یاد داد؟ کودکان عاشق دیدن کارتون‌ها و انیمیشن‌ها هستند. از انیمیشن‌های خوب مفاهیم فراوانی می‌توان پیدا کرد. مثلا جایگاه فناوری در زندگی آدم‌ها، شکست خوردن در راه موفقیت، احترام به تفاوت‌ها یا شکستن کلیشه‌های رایج بین

مردم.

خوشبختانه سطح دوبله انیمیشن و فیلم‌ها در ایران بسیار بالاست؛ اما مشکل از جایی شروع می‌شود که افراد کودک خود را با فیلم‌های کارتونی تنها می‌گذارند و دل‌خوش به صدای خنده و شادی آنها هنگام دیدن تلویزیون هستند.

من بارها و بارها انیمیشن‌های خوب را با فرزندانم تماشا می‌کنم. جالب است که هر کودکی ترجیح می‌دهد فیلمی را تماشا کند که نتایج دلخواه خودش را از آن بگیرد؛ یعنی اگر در دنیای مطلوب آن کودک، بازی با موبایل باشد فیلمی که در آن بازی با موبایل باعث بیماری کودکی می‌شود را دوست نخواهد داشت. او به دنبال تقویت باورهای خودش از دنیاست و این می‌تواند رشد تفکر را در کودک کند نماید.

کاری که من هنگام دیدن فیلم انجام می‌دهم، بیش از تشکیل یک جلسه پرسش و پاسخ است. نه شما سازنده فیلم هستید نه فرزند شما در مسابقه هفته برای به‌خاطرآوردن صحنه‌های مهم فیلم شرکت کرده است. گفت‌وگو کنید. همین! کافی است مانند یک دوست هم سن و سال کودک خود، در مورد آن فیلم باهم حرف

بزنید. ازجمله «به نظر تو...؟» بیشتر از «ما باید...» استفاده کنید. کلاس درس تشکیل ندهید. شما پدر و مادر او هستید نه معلم او. عدم توجه او به موضوعات فیلم را قضاوت نکنید و فقط او را تشویق به بهتر دیدن و بهتر فکر کردن کنید.

زاویه دید جدید بسازید

کمک کنید فرزند شما در نگاه به اطرافش زاویه دید جدیدی از هر پدیده بسازد؛ مثلا عکسی را که مدت‌ها پیش باهم گرفته‌اید به او نشان دهید و در مورد آن حرف بزنید. در مورد لباس‌ها، مدل موها، شیوه ایستادن، آدم‌هایی که در عکس هستند، کسی که عکس را گرفته است، وسایل موجود در آن، زمانی که عکس گرفته شده است و اتفاقی که باعث شد باهم عکس بگیرید و خیلی موارد دیگر. مهم آن است که فرزند شما وقتی وارد فضای مجازی می‌شود بتواند دیدگاهی به دیدگاه موجود اضافه کند و فعال‌تر و مؤثرتر عمل کند.

درست یا خیلی درست؟!

وقتی مسیر تفکر درست را به فرزندتان نشان می‌دهید، کم‌کم متوجه می‌شود که هر گردی گردو نیست! ما سعی می‌کنیم فرزند ما به‌گونه‌ای رشد پیدا کند که هنگامی‌که با محتوایی در شبکه‌های اجتماعی روبه‌رو شد راحت و ساده آن را نپذیرد. اگر او خیلی خوش‌شانس باشد و با یک محتوای علمی هم روبه‌رو شود، اصل رشد و تغییر علم را در ناخودآگاه خود در نظر خواهد داشت. من این جمله را بارها و بارها در کارگاه‌های آموزشی تکرار کرده‌ام: هر مطلبی که در نگاه اول کاملا درست به نظر می‌رسد ممکن است درست باشد!

💡 ایستگاه تفکر

رنه دکارت جمله معروف زیبایی دارد. او می‌گوید:
می‌اندیشم پس هستم،
هستم چون فکر می‌کنم،
فکر می‌کنم چون شک می‌کنم.

شک و تردید ایستگاه خوبی برای تفکر است؛ اما هرگز منزل مناسبی برای ماندن و زندگی کردن نیست. تردید باید شما را به‌سوی حقیقت هدایت کند.

 درست یا خیلی درست؟!

خیلی وقت‌ها، ذهن ما به دنبال ساده‌سازی مطالب جدیدی است که می‌خواهیم یاد بگیریم؛ مثلا ممکن است مغز ما بخواهد بگوید تفکر انتقادی همان بی‌اعتمادی و بدبینی به هر موضوعی است که با آن روبه‌رو می‌شویم؛ اما اصلا این‌طور نیست. تفکر انتقادی هیچ‌وقت مجوزی برای بی‌احترامی به نظر پیش‌کسوتان و معلمان نمی‌دهد. هر اظهارنظری و سؤالی که مطرح می‌شود باید در کمال ادب و با کسب اجازه باشد. این همان چیزی است که باید به فرزند خود بیاموزید.

کتاب سواد رسانه‌ای در ایران

سواد رسانه‌ای، اصطلاحی است که می‌توان آن را دانش زندگی در عصر رسانه‌ها دانست. در حقیقت ما با خواندن این کتاب، در حال افزایش سواد رسانه‌ای خود هستیم. در ایران در کلاس یازدهم کتابی به نام سواد رسانه‌ای وجود دارد؛ اما نکته درخور توجه این است که فرزندان ما، پیش از رفتن به مدرسه با رسانه‌ها و شبکه‌های اجتماعی در ارتباط هستند! آموزش هیچ مهارتی نباید به سن و زمان خاصی موکول شود. فرزند شما باید مطابق با میزان رشد و تغییرات محیطش با سواد رسانه‌ای آشنا شود.

ایستگاه تفکر

مسئولیت اصلی آموزش‌وپرورش فرزند شما با چه کسی است؟ آیا می‌توان تمام مسئولیت را بر عهده مدرسه و نظام آموزشی گذاشت؟ برای آموزش مهارت‌های زندگی بهتر است خودمان اقدام کنیم.

یک تحقیق درباره سواد رسانه‌ای

متأسفانه اکثر مقالات دانشگاهی در ایران، کاربرد عملی ندارند و در حد تأیید فرضیه‌های قبلی باقی می‌مانند. وقتی از من برای سخنرانی دعوت می‌شود، مجبور هستم نتایج تحقیقات انجام‌شده در سطح بین‌الملل را بیان کنم. البته به‌تازگی کارهای خوبی در این زمینه در ایران انجام شده است. نتیجه یکی از تحقیقات خوبی که در مورد سواد رسانه‌ای و تفکر انتقادی در نیویورک انجام شده، قابل توجه است.

در این تحقیق، به دنبال استراتژی و راهکارهایی برای آموزش سواد رسانه‌ای در مدارس بودند. البته با ترکیب کردن دو موضوع تفکر انتقادی و سواد رسانه‌ای. آنها به این نتیجه رسیدند که برای ارتقای این مهارت مهم در دانش‌آموزان، بهتر است به‌جای آموزش آن در قالب یک درس یا کلاس ویژه تفکر انتقادی و سواد رسانه‌ای، این مفاهیم را در جریان تدریس درس‌های معمول و روزمره مانند ریاضی و علوم منتقل کرد؛ یعنی اگر به شکل نامحسوس این مطالب را منتقل کنیم اثربخشی آن افزایش می‌یابد.

همین حالا!

از اولیای مدرسه فرزند خود بخواهید مهارت‌های لازم برای زندگی در فضای مجازی به فرزندان شما بیاموزند. فرزندان من و شما باید تفکر درست را یاد بگیرند تا خودشان از همان کودکی دانش‌جو باشند نه دانش‌آموز .

فصل هشتم

خریدن تبلت و موبایل

فرزندم تبلت می‌خواهد! چه کنم؟

اگر فرزند شما هم موبایل یا تبلت یکی از هم‌سالان خود را دیده و پایش را توی یک کفش کرده که برایش آن را بخرید، کاملا واضح است که بین نظرات کارشناسان و اتفاقات داخل خانه گیج شده باشید. گرچه بسیاری از کارشناسان، در مورد سن قطعی استفاده از وسایل و ابزارهای ارتباطی اتفاق‌نظر ندارند؛ اما اکثر آنها تا شش‌سالگی به‌کلی استفاده از هرگونه موبایل را ممنوع کرده و فقط از این سن به بعد، استفاده بسیار محدود و مشروط از آن را پیشنهاد می‌کنند. از طرفی عده‌ای هم معتقدند باید کودک همراه زمان و اقتضای زمانه‌اش به ابزارها و آخرین وسایل روز دسترسی داشته باشد. حتما موافق هستید که خوش‌بینی هم ممکن است کار دستمان بدهد. پس بهتر است واقع‌بین باشیم. باید فرزندمان را برای حضور در دنیای فردا آماده کنیم.

یک حدیث و یک دنیا حرف

حضرت علی علیه‌السلام در حدیثی معروف می‌فرمایند: «فرزند

زمانه خویشتن باش». منظور از این حدیث این است که باید نسبت به اوضاع‌واحوال زمانی که در آن هستیم آگاه باشیم. باید جنس مسائلی که در زندگی روزمره برایمان پیش می‌آید را بشناسیم و ابزارها و راه‌حل‌های آن را درست انتخاب کنیم.

این حدیث، یک درس بزرگ برای ما دارد. ما برای تربیت فرزندان خود، نه‌تنها باید به فکر رفع نیازهای امروزشان باشیم بلکه باید آنها را برای زندگی در آینده نیز آماده کنیم. فناوری‌های جدید ارتباطی، کم‌کم زندگی را ما تغییر داده و خواهد داد. باید به فکر فردای فرزندانمان باشیم.

✎📝 همین حالا!

به این فکر کنید که دنیای شما با دنیای امروز فرزندان شما چه تفاوتی کرده است؟ آیا فرزند شما نوار کاست را می‌شناسد؟ آیا می‌داند روزگاری داشتن رادیو نیازمند مجوز بوده است؟

آیا دنیای آینده فرزندان شما، مانند امروز خواهد بود؟

موبایل شما پرستار کودک شما نیست!

شاید شما هم مثل من دیده باشید که بعضی خانواده‌ها برای سرگرم کردن کودک خود از موبایل یا تبلت استفاده می‌کنند. وقتی پدر صبح‌ها به محل کار خود می‌رود مادر خانه‌دار ممکن است در زمانی که مشغول کار در خانه است فرزندش را با تبلت یا موبایل سرگرم کند. یا وقتی به میهمانی می‌روند پدر خانواده برای آنکه فرزندش کمتر با دیگر بچه‌ها درگیر شود از این روش استفاده می‌کند.

من وقتی با والدین صحبت می‌کنم آنها از بعضی خطرات این کار آگاه هستند؛ اما متأسفانه تغییری در عملکرد خود نمی‌دهند. گاهی ما با روشی که انتخاب می‌کنیم مسائل و عوارض آن را به صورت آنی نمی‌بینیم؛ اما اگر به تفکر سیستمی و مهارت نگاه‌کردن به آینده‌ای دورتر آگاه باشیم خواهیم دانست که چطور این روش، کم‌کم جایگاه پدر و مادر در خانه را متزلزل و سست می‌کند. حرف‌شنوی کودک در زمان‌های حساس، به رابطه قوی بین او و والدینش بستگی دارد. هرگز یک پرستار غریبه را به خانه خود راه ندهید!

چرا کودکان موبایل را دوست دارند؟

نتیجه بررسی و تجربیات من، نشان می‌دهد ۳ دلیل اصلی برای علاقه کودکان به موبایل وجود دارد.

تقریبا به همان دلیلی که پسرها به ماشین کنترلی و آدم‌آهنی و دخترها به عروسک سخنگو علاقه دارند، موبایل را هم دوست دارند. آنها می‌توانند با آن ارتباط برقرار کنند. با آن حرف بزنند و از آن پاسخ بگیرند. کودکان عاشق ارتباط هستند. اگر این ارتباط، شکل بازی و سرگرمی داشته باشد چه بهتر.

نور و رنگ و صدای موبایل، دلیل دیگر جذابیت آن است. من شخصی را می‌شناسم که بیش از ۵۰ سال دارد ولی گاهی مانند یک کودک پنج‌ساله، مجذوب رنگ و لعاب بازی‌ها می‌شود. سازندگان برنامه‌ها و بازی‌های حرفه‌ای، از مشاوران اجتماعی و روان‌شناسان برای ساختن اپلیکیشن‌ها کمک می‌گیرند.

قسمت بزرگی از جذابیت موبایل و اینترنت به دلیل غیرمنتظره بودن محتوای آن است. موبایل کنار شما، ناگهان زنگ می‌خورد. ممکن است هر شخصی تماس گرفته باشد. ممکن است هر ثانیه یک پیام از شخصی آشنا یا ناآشنا برای شما ارسال شود. شما الآن یک سایت یا کانال خبری را چک می‌کنید ولی ممکن است چند ثانیه دیگر اخبار و اطلاعات جدیدی روی آن قرار گرفته باشد. شاید امروز یک به‌روزرسانی جدید برای بازی مورد علاقه فرزند شما منتشر شده باشد که چند مرحله جدید به این بازی اضافه کند. این ویژگی، فضای مجازی را نه‌تنها برای کودکان بلکه برای خیلی از آدم‌ها جذاب و فریبنده ساخته است.

 همین حالا!

در فرزند خود دلایل دوست داشتن موبایل و بازی با آن را پیدا کنید. آیا آنها می‌خواهند از جمع دور باشند؟ آیا دوست دارند همیشه برنده باشند؟ آیا هیجان این بازی‌ها بیش‌تر از هیجان بازی با شماست؟ هر کودکی دلایل خودش را دارد.

تبلت یا موبایل؟

این سؤال را خیلی از والدین، از من به‌عنوان مشاور خانواده در امور فضای مجازی می‌پرسند. از طرفی وقتی من ابتدا نظر خودشان را در مورد همین سؤال می‌پرسم، پاسخ آنها تبلت است. آنها وجود سیم‌کارت در موبایل و ترس از اثرات امواج شبکه‌ها را دلیل خوبی برای این انتخاب می‌دانند و درواقع این موضوع واقعا تعیین‌کننده است؛ اما همه داستان همین نیست.

برای انتخاب یک وسیله مناسب، نه‌فقط برای یک کودک بلکه برای خودمان، باید فهرستی از نیازهای خود و هزینه‌های آن تهیه کنیم. باید سؤالاتی که در مورد علت خرید آن وسیله دارید به‌طور واضح از خود بپرسید. در مورد انتخاب تبلت یا گوشی موبایل من این فهرست را برای شما آماده کرده‌ام که کار شما را بسیار ساده خواهد کرد.

همین حالا!

در مورد هر یک از عناوین زیر خوب فکر کنید. وقتی پاسخ آن‌ها را به خودتان دادید راحت‌تر تصمیم‌گیری خواهید کرد.

آیا بیشتر یک وسیله برای پخش صوت و فیلم و تصویر خواهد بود؟(تبلت)

آیا جهت استفاده از نرم‌افزارهای آموزشی یا درسی استفاده می‌شود؟(تبلت)

آیا برای خواندن کتاب‌های آنلاین یا مجلات استفاده خواهد شد؟(تبلت)

آیا یک وسیله برای سرگرمی و بازی خواهد بود؟(تبلت)

یا جهت در دسترس بودن فرزندم و تماس با او استفاده خواهم کرد؟(موبایل)

و برای حضور در شبکه‌های اجتماعی خواهد بود؟(موبایل)

بیشترین پاسخ شما به سؤالات بالا، می‌تواند نشان دهد کدام وسیله برای فرزند شما مناسب‌تر است.

چه سنی مناسب است؟

اگر بخواهیم واقع‌بین باشیم، کودکان از سه‌سالگی می‌توانند نیازهای خود را به صورت کلام مطرح کنند. آنها در این سن، آماده حضور در مهدکودک‌ها هستند و کم‌کم قدرت درک مسائل مختلف را پیدا می‌کنند. البته آنها قبل از این، به موبایل به‌عنوان یک اسباب‌بازی نگاه می‌کنند که می‌توان با زدن کلیدهای آنها نور و رنگ و صدای آن را عوض کرد. آنها موبایل را در دست اطرافیان خود می‌بینند و می‌خواهند آن را امتحان کنند.

تا شش‌سالگی به‌هیچ‌وجه نباید اولویت خانواده تهیه تبلت یا موبایل باشد؛ چون قبل از شروع دوران مدرسه، به‌راحتی می‌تواند شکوفایی خلاقیت و رشد او را به خطر بیندازد. البته شاید حتی شش‌سالگی هم برای این کار زود باشد. بیش از آنکه سن شناسنامه‌ای کودک مهم باشد باید به مهارت‌های او در شناخت خوب از بد، مسئولیت‌پذیری و پایبندی به قول و قانون‌های داخل خانه توجه کنید.

چطور استفاده خواهد شد؟

این سؤال باید قبل از خریدن هر وسیله‌ای در خانه پرسیده شود. به فرزندتان یادآوری کنید که هدف از وجود این وسایل در اطراف ما چیست و دقیقا چه‌کاری برای ما انجام می‌دهد. با او صحبت کنید که اگر شرایط خانواده اجازه داد و آن را خریداری کردید دقیقا چطور از آن استفاده خواهد کرد. از فرزندتان بخواهید با دلایلش شما را متقاعد کند که داشتن تبلت برای او مفید است. به این روش کارکردهای صحیح آن وسیله را از زبان خودش خواهید شنید.

 گفت‌وگوهای سرنوشت ساز

زمان قانع‌شدن شما فرارسیده است! اما نه به‌راحتی! باید در مورد تمام قوانینی که در آینده نه‌چندان دور، قصد وضع کردن آن را دارید همین الآن گفت‌وگو کنید. به کمک فرزندتان، زمان محدودی را به صورت روزانه برای استفاده از تبلت معین کنید. غیر از مدت استفاده، زمان‌هایی که باید غذا بخورد یا تکالیفش را انجام دهد یا با میهمان‌ها بازی کند را به او یادآور شوید. در این زمان فرزند شما

بهترین حرف‌شنوی را دارد و بهترین فرصت، برای آموختن الگوی صحیح استفاده از ابزارهای دیجیتال است.

شما می‌توانید هم‌زمان با رشد کودک، قوانین را کمی تغییر دهید. گرچه در ابتدا برای کودکان سخت است؛ اما قاطعیت شما مشکلات را کمتر می‌کند. البته قاطعیت همراه با انعطاف. انعطاف‌پذیری به معنی زیر پا گذاشتن قوانین نیست؛ بلکه در حقیقت دادن فرصتی دوباره، برای برگشتن فرزند شما به مسیر درست است.

فصل نهم

بازی‌های رایانه‌ای برای فرزند من

فرزند من و بازی‌های رایانه‌ای

گرچه موضوع کتاب فضای مجازی است؛ اما واقعا نمی‌توان موضوع بازی‌هایی که به‌راحتی با موبایل در دسترس کودکان قرارگرفته را نادیده گرفت. بااینکه بازی با تبلت یا موبایل بهتر است تا شش‌سالگی به عقب بیفتد؛ اما شرایط جامعه به شکلی قدم خورده که اکثر کودکان، بازی با موبایل را قبل از ۵ سالگی تجربه می‌کنند. امروزه دریایی از بازی، در هر موبایل وجود دارد و ذهن کنجکاو و تشنه کودک می‌خواهد از هر بازی کمی گاز بزند! برای همین شاید شما هم دیده باشید کودکان، بارها و بارها بازی‌هایی را نصب می‌کنند و بعد از آن سیر می‌شوند و دوباره یک بازی جدید نصب می‌کنند. اما والدین چه باید انجام دهند؟

تحقیر نکنید!

این اشتباه بسیار بزرگی است که فرزندتان را به خاطر انتخابش در بازی تحقیر کنید. شما بیشتر و بهتر می‌دانید؛ اما این دلیل نمی‌شود

به انتخاب فرزندتان احترام نگذارید. وقتی صحبت از احترام می‌کنم عده‌ای به این فکر می‌کنند که اگر قرار است به انتخاب او احترام بگذاریم پس چطور جلوی به وجود آمدن اشتباهات را بگیریم؟ من در پاسخ می‌گویم دقیقا همین احترام می‌تواند رابطه سالم شما و فرزندتان را حفظ کند تا از اشتباهات بعدی جلوگیری کنید. به‌جای اینکه او را به دلیل انتخاب نادرستش کوچک کنید به او جرئت و شجاعت برگشتن از اشتباهاتش را بدهید.

✍️ تحلیل کنید

با فرزندتان در مورد بازی‌ها گفت‌وگو کنید. به‌جای شرح دادن معایب بازی‌ها، آنها را از نظر ساختاری یا گرافیک و کیفیت بازی تحلیل کنید. وقتی با فرزند خود در مورد مراحل مختلف و سختی‌های هر مرحله صحبت می‌کنید از غرق شدن او در بازی جلوگیری می‌کنید. با این روش هنگام بازی، او بازهم به حواشی بازی فکر می‌کند و شما هم باید او را تشویق کنید.

✍️ بازی مناسب؟

کاری با بعضی بازی‌ها که خشونت از درودیوار آن می‌ریزد نداریم. این بازی‌ها برای هیچ‌چیزی مفید نیستند. البته من خودم هم در کودکی، بازی‌هایی که در آن تفنگ و تیراندازی بود انجام داده‌ام و الآن نیز از نظر اطرافیانم انسان خشن یا بی‌عاطفه‌ای نیستم!؛ اما در واقع من در آن زمان، جایگزینی نداشتم یا نمی‌دانستم که چه بازی‌هایی می‌تواند به من در یادگیری مهارت‌هایی مانند تمرکز یا خلاقیت یا حتی حافظه کمک کند.

 همین حالا!

در مورد بازی‌های موبایل یا رایانه‌ای می‌توانید کلماتی مانند تقویت حافظه یا تمرکز را در اینترنت جست‌وجو کنید. بازی‌های زیادی نیز هستند که مفاهیم سخت درسی را به زبان بازی آموزش می‌دهند. حتماً جایگزینی برای بازی‌های ناسالم پیدا کنید.

درجه‌بندی بازی‌های رایانه‌ای

در کشورهای مختلف، مرجعی برای درجه‌بندی بازی‌ها وجود دارد. البته همه خوب می‌دانیم فرهنگ هر منطقه و کشوری متفاوت است و نباید فقط به درجه‌بندی آن بازی در یک کشور دیگر اکتفا کنیم. در ایران نیز، بنیاد ملی بازی‌های رایانه‌ای بازی‌ها را از نظر خشونت، ترس، مصرف دخانیات و نابهنجاری‌های اجتماعی درجه‌بندی کرده که می‌توانیم به آنها اعتماد کنیم. در زمان خرید به آرم ESRA دقت کنید.

 به‌اندازه کافی محدود

محدودیت بیش‌ازحد در بازی با موبایل، می‌تواند فرزند شما در وضعیتی قرار دهد که در میهمانی یا در هنگام حضور نداشتن شما، نسبت به بازی حریص‌تر و مشتاق‌تر شود. ادامه این روند از شما در دید فرزندتان، یک مزاحم خواهد ساخت که نبودنتان بهتر از بودنتان خواهد بود! بنابراین بهتر است باهم قوانینی برای بازی

کردن تعریف کنید. وجود قانون یعنی یک حدی برای هر چیزی وجود دارد.

📝 همین حالا!

در هنگام تعریف قوانین با فرزندتان باید یک تبصره مهم را یادآوری کنید. رفتار فرزند شما می‌تواند باعث انعطاف‌پذیری قانون شود. البته نه اینکه هرروز قانون را عوض کنید ولی می‌توانید در صورت لزوم کمی محدودیت‌ها را جابه‌جا کنید.

فصل دهم

رژیم مصرف فضای مجازی

رژیم مصرف چیست؟

پزشکان تغذیه، علاقه‌ای به استفاده از کلمه رژیم ندارند! اصطلاح رژیم گرفتن در ذهن ما، مترادف محدودیت یا کلا ممنوع کردن است؛ اما درواقع، هدف از رژیم گرفتن، داشتن یک برنامه درست برای رسیدن به یک سبک زندگی سالم و البته پایدار است.

وقتی در مورد رسانه‌ها، یعنی ابزارهایی که پیامی را انتقال می‌دهند صحبت می‌کنیم بازهم با اصطلاح رژیم مصرف روبه‌رو می‌شویم؛ یعنی نه‌تنها برای استفاده از فضای مجازی بلکه حتی برای انتخاب و خواندن یک کتاب هم باید برنامه و روش درستی داشته باشیم. همان‌طور که غذا نخوردن می‌تواند ما را دچار ضعف و کمبود کند زیاد خوردن هم به ما آسیب می‌رساند. چه هرروز برای ناهار نان و پنیر بخوریم و چه هرروز چلوکباب بخوریم برای بدن ما ضرر دارد. به همان اندازه‌ای که نگران کیفیت و مقدار و شیوه مصرف غذای فرزندمان هستیم باید برای انتخاب ورودی‌های ذهن و روح او نیز ارزش قائل باشیم. داشتن رژیم مصرف رسانه، دانش و مهارت بالایی نیاز دارد که باید والدین ابتدا خود به آن مجهز شوند.

همین حالا!

می‌توانید با مراجعه به سایت فرزند سبز از نحوه برگزاری کارگاه‌های رژیم مصرف رسانه باخبر شوید.

 اولین قدم را شما بردارید

«جیم ران»، یکی از بزرگ‌ترین استادان موفقیت دنیا است. او جمله معروفی دارد که شاید آنها شنیده باشید. او می‌گوید: «شما معمولا میانگین ۵ نفری هستید که بیشترین وقت خود را با آنها می‌گذرانید.»

 همین حالا!

نام ۵ نفر از افرادی که فرزند شما بیشترین زمانش را با آن‌ها می‌گذراند بنویسید. شما چطور؟

_____

_____

البته منظور این نیست که کسی نمی‌تواند بهتر از آدم‌های اطرافش بشود. بلکه به این نکته اشاره دارد که رفتار و شخصیت و سبک زندگی اطرافیان ما، تأثیر زیادی بر روش زندگی ما دارد. فرزندان ما پیش از شروع مدرسه، بیشترین زمان خود را داخل خانه و در کنار پدر و مادر خود می‌گذرانند؛ بنابراین معمولا رفتار والدین، بیشترین تأثیر را در سبک زندگی فرزندشان دارد. اگر پدر و مادر در هنگام صحبت باهم، نیمه چشمی هم به موبایل خود داشته باشند باید منتظر تکرار این رفتار از طرف فرزندشان باشند. اگر والدین، قاعده و قانونی در استفاده از اینترنت و فضای مجازی نداشته باشند نمی‌توان انتظار مصرف محدود و مشروط از کودکان داشت.

 همین حالا!

تصمیم بگیرید یک الگوی رفتاری در فضای مجازی برای فرزندتان باشید؛ اما این را همیشه به خودتان یادآوری کنید که تا شما واقعاً از این سبک زندگی لذت نبرید فرزند شما نمی‌تواند شما و رفتارتان را باور کند.

مصرف محدود و مشروط

مهم‌ترین موضوع در رژیم مصرف رسانه، استفاده محدود و مشروط از آن رسانه است. حالا این رسانه می‌تواند تلویزیون، رایانه، موبایل یا حتی یک بازی رایانه‌ای باشد. درست است که این مطلب را در قسمت‌های انتهایی کتاب آورده‌ام؛ اما اصلا نشان‌دهنده کم‌اهمیت بودن آن نیست. بلکه هدف من آن است که در ذهن شما بیشتر باقی بماند.

من در دهه ۷۰ جزء اولین افرادی بودم که مشترک اینترنت خانگی شدم. آن زمان وصل شدن به اینترنت برابر بود با اشغال شدن خط تلفن و این موضوع باعث می‌شد تمام افراد خانه، متوجه استفاده از اینترنت توسط من بشوند. ازآن‌جهت که تنها راه ارتباطی بین خانواده‌ها تلفن بود مجبور بودم هرچند دقیقه اینترنت را قطع کنم؛ اما امروزه بدون آنکه دیگران بدانند یا حتی خودمان آگاه باشیم به اینترنت وصل هستیم.

💡 **ایستگاه تفکر**

آیا در مورد بیماری موبوفوبیا چیزی شنیده‌اید؟ به استرس و اضطراب شدید ناشی از قطع بودن اینترنت، آنتن موبایل، کم‌شدن باتری موبایل یا بدتر از همه گم‌شدن آن موبوفوبیا گفته می‌شود. از علائم این بیماری، به وجود آمدن نوعی سردرگمی و آشفتگی و در موارد حادتر تعریق و افزایش ضربان قلب است.

عادت وصل بودن همیشگی به اینترنت باعث می‌شود بعضی افراد به‌محض قطع اینترنت احساس کنند چیزی در زندگی روزمره آنها کم شده است! بنابراین زمان‌های زیادی را به سیر بی‌هدف در صفحات و پیام‌ها می‌گذرانند. جذابیت‌های فضای مجازی به شکلی است که باعث پرسه زدن تا رسیدن به یک مطلب جذاب می‌شود. پس از پاداش‌گرفتن مغز، دوباره پرسه زنی در اینترنت از نو آغاز می‌شود. این مورد درباره بازی‌های موبایلی نیز مشاهده می‌شود. افراد آن‌قدر بازی می‌کنند تا یک مرحله را ببرند یا رکورد جدیدی به ثبت برسانند. پس‌ازآن دوباره تلاش برای یک دور

بازی جدید شروع می‌شود. اولین قدم درست در مدیریت زمان آن است که نیازهای واقعی خود و فرزندانمان را بشناسیم. اگر صاحب کسب‌وکاری هستیم باید زمان خاصی را برای پاسخگویی و آنلاین بودن اعلام کنیم و اگر واقعا فرزند ما باید برای انجام تکالیف، با موبایل ما کار کند باید هدف و میزان استفاده کاملا مشخص باشد.

 همین حالا!

زمان مشخصی در روز را برای وصل شدن خودتان یا فرزندتان به اینترنت یا استفاده از موبایل در نظر بگیرید. تعداد دفعات آن به وضعیت فعلی شما بستگی دارد. مثلاً بنویسید که هر دو ساعت یک‌بار به مدت ۵ دقیقه به اینترنت وصل می‌شوید. شاید زیاد به نظر برسد؛ اما سعی کنید به برنامه خودتان پایبند باشید. بعد از مدتی، خودتان میزان مصرف را کم می‌کنید! این زمان برای فرزند شما کاملاً متفاوت است. من متعهد می‌شوم حداکثر هر ...... ساعت یک‌بار و آن‌هم حداکثر ...... دقیقه به اینترنت وصل شوم و بعدازآن اینترنت را قطع کنم و موبایل را کنار بگذارم.

برای همه مطالب آموزنده همزمان نیست

امروزه تقریبا هر مطلبی، از روش باز کردن گاوصندوق گرفته تا ساخت بمب اتم در اینترنت پیدا می‌شود. هر ثانیه هم به تعداد صفحات و مطالب روی این شبکه جهانی اضافه می‌شود؛ اما آیا همه این مطالب درست یا مفید است؟ آیا دانستن همه این مطالب برای زندگی ما لازم است؟ آیا ما زمان لازم برای یادگرفتن همه مطالب مفید را داریم؟

ایستگاه تفکر

مقدار تقریبی صفحات ذخیره‌شده در اینترنت طبق گزارش سایت Archive.org در حال حاضر بیش از ۳۳۸ میلیون صفحه است. اگر شما قدرتی داشته باشید که هر صفحه را فقط در یک دقیقه مطالعه کنید و بدون توقف به این کار ادامه دهید بیش از ۶۰۰ سال طول خواهد کشید!

در یکی از کارگاه‌های آموزشی که من (محمد منشی‌زاده) در مورد سبک زندگی سالم برگزار کرده بودم شخصی گفت که ما برای کارهایی که باید هرروز انجام دهیم نیز زمان کم می‌آوریم و دیگر زمانی برای یادگرفتن و مطالعه باقی نمی‌ماند! آن زمان من ۲ نکته را برای ایشان یادآوری کردم.

یکی اینکه بین مطالعه واقعی و خواندن پیام‌های موجود در شبکه‌های اجتماعی تفاوت زیادی دارد و نباید این دو را باهم اشتباه کرد. یادگیری فقط با خواندن مطالب مفید صورت نمی‌گیرد. حتی در مورد نحوه صحیح یادگیری هم مقالات و تحقیقات زیادی وجود دارد که می‌توان به آنها مراجعه کرد.

نکته دوم آن است که ما زمان کافی برای مطالعه همه پیام‌های مفید به اشتراک گذاشته‌شده نداریم و اگر هم داشتیم عاقلانه نیست که همه آنها را بخوانیم. ما شاید برای انجام همه کارهایمان وقت کافی نداشته باشیم؛ اما برای انجام کارهای مهم خود همیشه وقت کافی داریم. حتی اگر عمر نوح هم داشته باشیم باید برای کارهایمان اولویت تعیین کنیم.

آموختن نحوه مدیریت زمان به فرزندانمان را باید از کودکی

شروع کنیم. مدیریت زمان یعنی بتوانیم اهمیت هر کاری را درست تشخیص دهیم و آنها در زمان درست انجام دهیم. داشتن سبک زندگی سالم یکی از بزرگ‌ترین هدیه‌هایی است که هر پدر و مادری می‌تواند به فرزند خود هدیه دهد.

پشت‌صحنه‌ها را نمایش دهید

فیلم‌های علمی تخیلی یا اکشن، گاهی آن‌قدر طبیعی جلوه می‌کنند که انگار ما را جادو می‌کنند. بااینکه می‌دانیم اکثر لحظات این فیلم‌ها ساختگی است ولی بازهم گول حقه‌های سینمایی را می‌خوریم. اما آیا فرزندان ما تفاوت یک فیلم با جلوه‌های ویژه و زندگی عادی را می‌فهمند؟ آیا تفاوت خون واقعی و رنگ قرمز روی پیراهن را متوجه می‌شوند؟

رسانه‌ها لبریز از بزرگنمایی و کوچک نمایی حقایق هستند. غیرعادی نیست اگر بازیگران یا مدل‌هایی که بعد از گریم و نورپردازی و افکت گذاری، تصاویر روتوش شده آنها منتشر می‌شود تبدیل به قهرمانان فرزندان ما شوند. قهرمانانی که ممکن است گاهی از روی

یک ساختمان صد طبقه به پایین بپرند و با یک چرخش در لحظه آخر، نه‌تنها جان خود بلکه جان‌ده‌ها نفر را نجات دهند! یا افرادی که با داشتن بدن آماده و ورزشی می‌توانند یک‌تنه جلوی صد نفر ایستادگی کنند و آنها را شکست دهند! واقعا چقدر ذهن فرزند شما برای درک حقیقت آمادگی دارد؟ برای شما دو راهکار دارم.

اولین کاری که باید والدین انجام دهند شروع از خودشان است. اگر برای پدر یا مادر، داشتن قدرت بدنی یا زیبایی‌اندام یک ارزش و اولویت فکری باشد دقیقا فرزند شما هم در شبکه‌های اجتماعی و فیلم‌های تلویزیونی دنبال آن خواهد رفت. پس تفاوت‌های انسان‌ها را بپذیرید و این مفهوم را به فرزند خود منتقل کنید.

راهکار دوم نشان‌دادن پشت‌صحنه‌های ساخت فیلم‌ها می‌تواند باشد. فرزند شما با تماشای آنها متوجه حقه‌های سینمایی می‌شود. هر وقت عکس می‌گیرید به او نشان دهید که استفاده از یک افکت چطور می‌تواند واقعیت را جور دیگری جلوه دهد. شما نباید لذت او از دیدن این فیلم‌ها را تحقیر کنید فقط به او هنرهایی را نشان دهید که به کار گرفته می‌شود تا غیرممکن، ممکن به نظر برسد.

همین حالا!

می‌توانید با مراجعه به سایت فرزند سبز مقاله مرتبط با استفاده از جلوه‌های ویژه را در ساخت فیلم‌ها و تصاویر مطالعه کنید.

 همیشه ممنوع!

روبه‌رو شدن با تصاویر مبتذل یا غیراخلاقی در اینترنت، هنگام مراجعه به سایت‌های خارجی یک اتفاق عجیب نیست. نتایج پژوهشی در هلند نشان داده که حدود ۵۰ درصد کودکان در استفاده از اینترنت با موارد ناراحت‌کننده، ناخوشایند و اضطراب‌آور روبه‌رو شده‌اند. در نظر داشته باشید که بسیاری از مواردی که از نظر فرهنگ ما نادرست و غیراخلاقی است ممکن است برای فرهنگ‌های دیگر عادی یا حداکثر غیرمعمول باشد. با این حساب، باید خیلی بیشتر حواسمان به این موضوع جمع باشد.

ایستگاه تفکر

آمار جست‌وجوی هر کلمه دلخواه در گوگل به تفکیک کشور و بر اساس هر بازه زمانی به‌راحتی قابل‌استخراج است؛ بنابراین می‌توان، میزان گرایش به یک موضوع را از روی آمار جست‌وجوی آن کلمه و کلمات مشابه حدس زد.

تعریف موضوعاتی که دسترسی به آنها همیشه ممنوع است برای کودکان کار ساده‌ای نیست. البته قرار هم نیست برای آنها همه موضوعات ممنوعه را موشکافی کنیم! فقط باید فرزند ما بداند مواردی وجود دارد که دسترسی به آنها ممنوع است و روی این موارد حساس هستیم. مواجه‌شدن با بعضی تصاویر و مطالب اجتناب‌ناپذیر است ولی ماندن در آن صفحات قابل‌قبول نیست.

ایستگاه تفکر

اولین باری که من با یک تصویر غیراخلاقی در اینترنت مواجه شدم مربوط به زمانی بود که به دنبال دریافت یک نرم‌افزار رایگان از یک سایت خارجی بودم. آن زمان من ۱۷ ساله بودم و آن صفحه را به‌سرعت بستم. فرزند من چه زمانی با این لحظه روبه‌رو می‌شود؟ او چه عکس‌العملی از خودش نشان خواهد داد؟

پدری در مورد جست‌وجوی فرزندش در مورد مسائل جنسی در اینترنت با من صحبت می‌کرد و می‌گفت که سعی می‌کند با حساسیت نشان ندادن، قبح این کار در خانواده ریخته نشود. برایش توضیح دادم حساسیت بیش‌ازحد درست نیست چون کنجکاوی در هر موضوعی برای این سن طبیعی است؛ اما بی‌تفاوتی یا گذشتن از کنار این مسائل باعث کاهش آسیب‌ها نمی‌شود.

فرزند شما باید بداند می‌تواند سؤالاتش را هر وقت که خواست از شما بپرسد. از موضوعات جنسی گرفته تا شیطان‌پرستی یا حتی ترغیب به خودکشی و صدمه زدن به دیگران.

ایستگاه تفکر

بازی نهنگ آبی یک چالش است که در آن افراد در ۵۰ روز باید کارهای خاصی را انجام بدهند و به خود صدمه بزنند! در این بازی قربانیان توسط افراد دیگری کنترل می‌شوند و باید گزارش کارهای خود را به آن‌ها ارسال کنند. درنهایت این بازی با خودکشی قربانی پایان می‌یابد!

آیا می‌دانید هدف سازنده این بازی چه بوده است؟ پاک کردن جامعه از افراد بی‌ارزش.

جست‌وجوی محتوای جنسی

بعید به نظر می‌رسد؛ اما مطمئن هستم اگر آمادگی آن را نداشته باشید همه تصاویر مثبتی که از فرزندتان دارید یک‌شبه نابود می‌کنید! نمی‌توان هرلحظه مراقب گوش فرزند خود بود تا لطیفه‌های جنسی که متأسفانه در جامعه معمول هستند را از هم‌سالان خود نشنود. وجود تصاویری یا فیلم‌هایی که هنوز ذهن کودک برای فهم آن‌ها

رشد نکرده در موبایل بعضی افراد او را کنجکاوتر می‌کند. درست است که محدود کردن دسترسی به محتوای جنسی راه‌حل بسیار خوبی است؛ اما تضمین‌کننده عدم دست‌یافتن کودک و نوجوان ما به این محتوا نیست. بهترین راه این است که فرزندی آگاه پرورش دهیم تا خودش بتواند روی رفتارش خودکنترلی داشته باشد. البته پیچیده‌ترین قسمت کار این است که در هر سن و مرحله رشد، چه اطلاعاتی باید در اختیار کودک قرار گیرد. کارگاه‌ها و کتاب‌های زیادی در زمینه تربیت جنسی کودک وجود دارند که می‌توانید به آنها مراجعه کنید.

 ۳ اصل مهم برای دادن اطلاعات جنسی به کودک

این سه اصل را هنگام دادن اطلاعات جنسی به کودک خود در نظر داشته باشید. ابتدا بدانید که در هر مرحله از رشد کودک، او نیاز به سطحی از دانش و مهارت‌های جنسی دارد. اصل دوم حفظ امنیت روحی، جسمی و جنسی کودک ضمن دادن اطلاعات است و سوم آن است که چه سؤالاتی در ذهن فرزند شما به وجود آمده است. همیشه با در نظر گرفتن این سه اصل پاسخگوی سؤالات او باشید.

متأسفانه در محیط فضای مجازی، بدون در نظر گرفتن این سه اصل، این اطلاعات به هر کسی که کلمه‌ای را در اینترنت جست‌وجو کند ارائه می‌شود که باید نسبت به آن حساس باشیم.

 شما باید بیشتر و بهتر از اینترنت بدانید

می‌دانم که شرم و حیای فرزندان می‌تواند مانع از سؤال پرسیدن آنها درباره مسائل جنسی شود؛ اما به یاد داشته باشید که صحبت کردن درباره مسائل جنسی به شما این فرصت را می‌دهد تا ارزش‌ها و باورهایی که دارید را صادقانه با فرزند خود در میان قرار دهید. مهم‌ترین نکته آن است که باید کودک همیشه شما را بیش از اینترنت به‌عنوان قابل‌اعتمادترین و امین‌ترین فردی که می‌تواند به سؤالاتش پاسخ دهد، بشناسد.

 فضای مجازی وسیله است!

فلسفه وجودی فضای مجازی، برای ایجاد اتصال بین افرادی است که نیازمند دریافت خدماتی برای بهبود زندگی خود هستند؛ بنابراین

خانواده‌ها باید به فرزندان خود یاد بدهند که از شبکه‌های اجتماعی و اینترنت، نفع و فایده‌ای در جهت زندگی خود ببرند؛ نه اینکه فضای مجازی به‌تنهایی بتواند نحوه ارتباطات روزمره ما را تعیین کند. در گام اول کمی سخت به نظر می‌رسد که بتوان به کودک یاد داد که موبایل برای بازی یا چت کردن ساخته نشده است؛ اما رفتار شما باید با آگاهی دادن مؤثر همراه شود تا این واقعیت در ذهن او جای بگیرد.

 نظارت کنید ولی ناظم نباشید!

من خیلی خوش‌شانس بودم که در بهترین مدارس شهرم و با بهترین معلم‌ها و اولیای مدرسه درس خواندم. یادم می‌آید در زمانی که تحصیل می‌کردیم در مدرسه تقریبا جایی نبود که در تیررس نگاه ناظم نباشد. در حقیقت ناظم مدرسه مجبور بود همیشه در مدرسه درحرکت باشد تا مسائل و مشکلات انضباطی را ببیند و این کاری بسیار سخت و خسته‌کننده بود.

برای اینکه شما مجبور نباشید مثل ناظم‌ها دائم در خانه در حال

سرکشی به فرزندان خود باشید سعی کنید استفاده از تبلت یا رایانه را محدود به هال خانه و فضاهای عمومی کنید. یادتان باشد هدف ما نظارت ثانیه به ثانیه نیست؛ بلکه باید جوری رفتار کنید که فرزند شما فکر نکند دائما در حال مچ‌گیری از او هستید. با این کار شما می‌توانید دانش خود را در مورد علاقه‌مندی‌های فرزندتان بیشتر افزایش دهید و با او همراه‌تر شوید.

 مهربان و جدی!

اگر زندگی خود و فرزندتان را چپ و راست با قوانین ریزودرشت پر کنید کم‌کم تبدیل به یک ماشین تولید قانون زشت خواهید شد. بی‌اعتنا بودن و راحت گذاشتن کودک نیز در فضای مجازی برای او و شما گران تمام خواهد شد. پس باید جوری رفتار کنید که فرزندتان حتی در صورت اشتباه کردن به شما مراجعه کند و مشکل را پیچیده‌تر نکند. والدین زیادی را دیده‌ام که خودشان برای شکل گرفتن یک رابطه دوستانه دوطرفه همراه با اعتماد متقابل، هیچ تلاشی نمی‌کنند و انتظار دارند فرزندشان همیشه گوش‌به‌فرمان آنها باشند.

ایستگاه تفکر

اگر می‌خواهید بدانید چقدر در تربیت فرزند خود موفق بوده‌اید باید ببینید فرزندتان در هنگامی‌که شما حضور ندارید چطور عمل می‌کند نه وقتی مانند عقاب از فراز کوه‌ها مراقب هر حرکت او هستید!

همه غریبه هستند

سال‌ها پیش نرم‌افزاری به نام یاهو مسنجر در بین نرم‌افزارهای پیام‌رسان خدایی می‌کرد! با این نرم‌افزار شما می‌توانستید با هر شخصی گفت‌وگو کنید، تلفن بزنید یا حتی به صورت ویدئویی همدیگر را ببینید. ساختن یک هویت جدید در این نرم‌افزار در چند ثانیه امکان‌پذیر بود.

باید برای فرزندتان روشن کنید که افراد آنلاین ممکن است آن‌کسی که به نظر می‌رسند نباشند. حتی نرم‌افزارهای زیادی وجود دارد که می‌تواند صدای افراد را به هم تبدیل کند. کسی که ادعا می‌کند یک دختر ۱۸ساله است، درواقع می‌تواند یک مرد ۴۵ساله

باشد. عدم اطمینان و اعتماد به هویت‌های موجود در اینترنت یک اصل اساسی است که باید با داستان و مثال به او بیاموزید.

 همین حالا!

می‌توانید داستان شنگول و منگول و حبه‌انگور یا شنل‌قرمزی را برای فرزند خود تعریف کنید. ما در فرهنگ خود و در بین داستان‌های بین‌الملل، موارد زیادی از شیوه درست اعتمادکردن به افراد داریم که باید از آن‌ها به بهترین شکل در تربیت فرزند خود استفاده کنیم.

 مثل یک نگهبان باشید

یک نگهبان خوب، همیشه مراقب عبور و مرور افراد در یک شهر است. در حقیقت نگهبان می‌گوید که چه کسی حق ورود را دارد و چه کسی حق ندارد.

در فضای مجازی هم ما باید دائما در حال انتخاب و تصمیم‌گیری باشیم. باید در مورد هر خبر یا پیامی که به ما می‌رسد تصمیم‌گیری

کنیم. البته این تصمیم‌گیری، انرژی بسیار زیادی را از مغز ما می‌گیرد و برای همین است که گاهی پس از خواندن مطالب شبکه‌های اجتماعی یا بازی‌های رایانه‌ای، احساس خستگی می‌کنیم.

 همین حالا!

با فرزندتان نقش دو نگهبان بیدار و مطمئن را بازی کنید. کمی خلاقیت می‌تواند چاشنی کار باشد. مثلاً هنگام نصب بازی یا خواندن یک پیام، هر دو کلاهی را به سر بگذارید و مانند یک پلیس یا کارآگاه حرفه ای در مورد آن صحبت کنید.

 انتظار اشتباه کردن را داشته باشید

روزی که گواهینامه رانندگی می‌گیرید تصمیمی برای قانون‌شکنی ندارید؛ اما گاهی اشتباه می‌کنید و به هر دلیل یا به صورت دوبله پارک می‌کنید یا بیشتر از سرعت مجاز رانندگی می‌کنید. اگر به خودتان و رفتارتان آگاهی داشته باشید این کار را تکرار نمی‌کنید؛

اما امکان اشتباه مجدد همیشه وجود دارد. فرزند شما نیز، قصد اشتباه کردن در فضای مجازی و آسیب‌رساندن به خودش و دیگران را ندارد؛ اما باید آمادگی رخ‌دادن این موضوع را داشته باشید. تمام مطالب این کتاب برای افزایش مهارت‌های شما و فرزندتان در فضای مجازی نوشته‌شده؛ اما هرگز فراموش نکنید که با وجود تمام مهارت‌هایی که می‌آموزید و به فرزندتان یاد می‌دهید؛ بازهم امکان اشتباه وجود دارد. به خودتان قول بدهید که ابتدا عصبانی نشوید و سپس با دید حل مسئله به هر پیشامد غیرمنتظره نگاه کنید. اگر قصد تکرار اشتباهات را نداشته باشید، بهترین معلم شما خواهند بود.

 ایستگاه تفکر

مهارت حل مسئله یکی از مهارت‌های مهم زندگی است. به‌طور خلاصه ابتدا باید مسئله را خوب بفهمیم و سپس روش‌های مناسب را پیدا کنیم. سپس بهترین را اجرا کنیم و نتیجه را بررسی کنیم. در انتها باید از پایدار بودن راه‌حل انتخاب‌شده اطمینان حاصل کنیم.

حرف پایانی

برای آنکه مهارت تربیت فرزند را یاد بگیریم باید انسان را بشناسیم. شناخت انسان توسط انسان، یکی از جالب‌ترین و پیچیده‌ترین کارهاست. شک ندارم که با دانستن ده‌ها و صدها نکته تربیتی، باز نمی‌توانیم یک انسان کامل پرورش دهیم؛ اما می‌توانیم قدم‌به‌قدم برای ساختن یک رابطه سالم و پرورش یک انسان بهتر نزدیک‌تر شویم.

اگر در مورد مهارت‌های لازم برای حضور کودکان در فضای مجازی کتابی با هزار صفحه هم نوشته می‌شد بازهم ممکن بود نکته‌ای جاافتاده یا موضوعی نادیده گرفته‌شده باشد. بااین‌حال تصمیم گرفتم با نوشتن کتاب «والدین حقیقی، فرزندان مجازی» یک‌قدم برای فرزندان سرزمینم بردارم.

قدم‌های بعدی را شما باید بردارید. با عمل به مطالبی که در این کتاب خواسته شده، مطمئن هستم نتایج مطلوبی به دست خواهید آورد. زمانی من از کار خودم راضی خواهم بود که بدانم این کتاب چه تأثیری در زندگی شما و فرزندتان گذاشته است. شاید شما هم

تجربه‌ای داشته باشید که بتوانم از آن در نسخه‌های بعدی کتاب استفاده کنم. خوشحال خواهم شد اگر نظر، پیشنهاد یا تجربیات خود را برای من ارسال کنید.

 منتظر شنیدن صدای شما هستم

 محمد منشی‌زاده ۰۹۱۳۲۵۸۸۲۶۳

 site@FarzandeSabz.ir

 www.FarzandeSabz.ir

تشکر و قدردانی

تشکر از خدای مهربانم که رسالت زندگی را برای من روشن کرد و به من یاد داد که باید تا آخرین لحظه آموخت و یاد داد.

به اندازه یک عمر سپاس از زحمات و فداکاری‌های مادرم و دو خواهر مهربانم آزیتا منشی‌زاده و آزاده منشی‌زاده

سپاس از خانواده محترم همسرم، جناب آقای سید علی کربلایی‌زاده، خانم فریبا سجادی، رویا سادات کربلایی‌زاده و مهتاب السادات کربلایی‌زاده

با تشکر از جناب آقای مهندس محمدسعید حاجی‌میرزاده، علی بهادرزاده، نعمت‌الله زینلی، صالح روان و خانم‌ها سپیده یزدی، شیما حامی‌نیا، اشرف السادات حسینی، نرجس شمسی‌پور، فاطمه پورحق‌وردی و همه همکاران محترم شرکت الکاآریا؛

با تشکر از جناب آقای دکتر عزیزی و کارکنان محترم کلینیک تغذیه بهکام؛

با تشکر از جناب آقای محمدصادق مجلل و همه اولیای محترم مدرسه نمونه ملک ثابت؛

با تشکر از جناب آقای سیلانیان و همه اولیای محترم مدرسه امام حسن مجتبی؛

با تشکر از انتشارات پارسیان البرز که آنچه در دستان شماست نتیجه هنر و تلاش آنهاست؛

با تشکر از جناب آقای علی شبان زاده و مجموعه محترم موج مثبت ایرانیان؛

همچنین سپاس از آقایان فرزاد قدیمیان، مهدی اعلم؛

و تشکر فراوان از استاد مهربانم جناب آقای محمد پیام بهرام پور و مجموعه محترم بیشتر از یک.

در نهایت از همه کسانی که با راهنمایی‌ها و حرف‌هایشان الهام‌بخش و راهنمای من در نوشتن این کتاب بودند، سپاسگزارم.

کتاب های فرزندپروری انتشارات ما:

kphclub.com

Amazon.com

Kidsocado Publishing House
خانه انتشارات کیدزوکادو
ونکوور، کانادا

تلفن : ۸۶۵۴ ۶۳۳ (۸۳۳) ۱ +
واتس آپ: ۷۲۴۸ ۳۳۳ (۲۳۶) ۱ +
ایمیل:info@kidsocado.com
وبسایت انتشارات: https://kidsocadopublishinghouse.com
وبسایت فروشگاه: https://kphclub.com

کتاب های کودکان در کیدزوکادو

https://www.kphclub.com/child-books

برای تهیه کتاب ها از آمازون یا وبسایت انتشارات می توانید بارکدهای زیر را اسکن کنید

kphclub.com

Amazon.com

Kidsocado Publishing House
خانه انتشارات کیدزوکادو
ونکوور، کانادا

تلفن : ۸۶۵۴ ۶۳۳ (۸۳۳) ۱ +
واتس آپ: ۷۲۴۸ ۳۳۳ (۲۳۶) ۱ +
ایمیل: info@kidsocado.com
وبسایت انتشارات: https://kidsocadopublishinghouse.com
وبسایت فروشگاه: https://kphclub.com